양돈산업의 개척자

진길부 평전

김준영 지음

도서출판 행복에너지

양돈산업의 개척자
진길부 평전

초판 1쇄 발행 2025년 8월 25일

지은이	김준영
발행인	김준영
편집	한영미
디자인	서보미
마케팅	권보송
전자책	서보미
발행처	도서출판 행복에너지
출판등록	제315-2011-000035호
주소	(157-010) 서울특별시 강서구 화곡로 232
전화	0505-613-6133, 010-3267-6277
팩스	0303-0799-1560
홈페이지	www.happybook.or.kr
이메일	ksbdata@daum.net

값 22,000원
ISBN 979-11-93607-97-8 (03810)

Copyright ⓒ 김준영, 2025

＊이 책은 저작권법에 따라 보호받는 저작물이므로 무단전재와 무단복제를 금지하며, 이 책의 내용을 전부 또는 일부를 이용하시려면 반드시 저작권자와 서면 동의를 받아야 합니다.

도서출판 행복에너지는 독자 여러분의 아이디어와 원고 투고를 기다립니다. 책으로 만들기를 원하는 콘텐츠가 있으신 분은 이메일이나 홈페이지를 통해 간단한 기획서와 기획의도, 연락처 등을 보내주십시오. 행복에너지의 문은 언제나 활짝 열려 있습니다.

양돈산업의 개척자

진길부 평전

김준영 지음

양돈산업의 개척자 진길부의 삶

통일 양돈의 선구자 진길부

도서출판 행복에너지

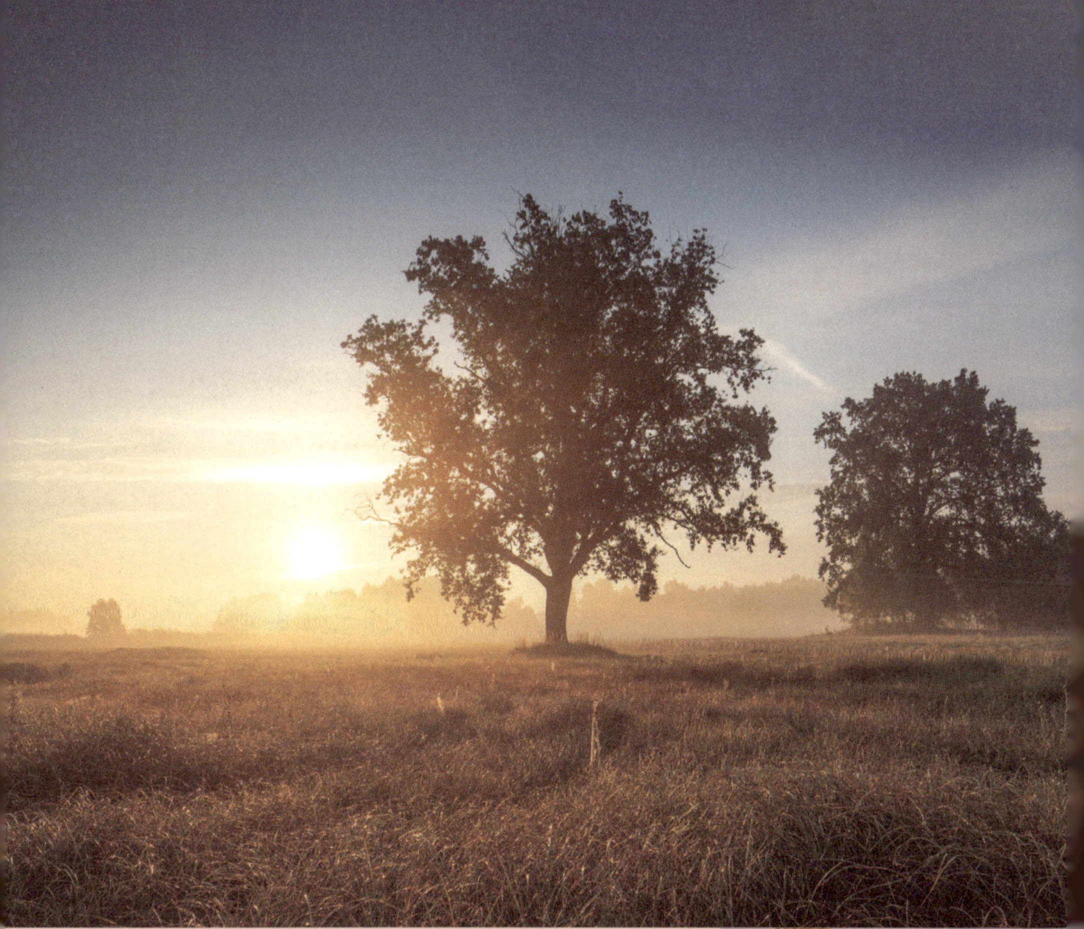

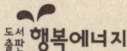

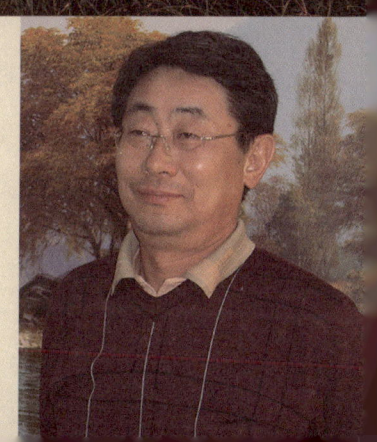

추천사

황민영

한국농어민신문 대표이사.
한국협동조합연구소 이사장
참여정부 대통령자문 농어업, 농어촌특별대책위원회 위원장
사단법인 식생활교육 국민네트워크 상임대표

　사랑하고 존경했던 동지인 진길부 도드람양돈 조합장이 갑자기 우리 곁을 떠나간 지 어언 많은 시간이 지났다.
　참으로 슬프고 애석했던, 그는 농촌개척자요 농민운동가였으며, 실천적 협동조합 운동가이기도 한 사람으로서 우리시대에 꼭 필요했던 인재요 지도자였기 때문에 그의 갑작스런 죽음은 더욱 슬픔이 컸다.
　진길부 조합장은 또한 분단된 조국에서 남과 북이 화해하고 상생하며 협력하는 양돈협력사업에도 정진하였다. 통일농수산사업단과 함께 한때 제한적이지만 왕래가 가능했던 북한측 금강산 고성군 지역에 양돈시범농장을 건설하고 지원하는 열정을 보이기도 했었다.
　당시 북측은 기술도 자원도 전문성도 부족했던 실정이었다.
　그는 어려움이 적지 않았음에도 불구하고 그만이 가지고 있던 특유의 신심, 포용과 인내심을 갖고 추진하여, 남측 관계자는 물론이고 북측 인사들로부터도 많은 칭송을 받았었다.

무엇 하나 준비된 것이 없었던 부족한 실정이었기 때문에 선진적 양돈농장을 추진하는 데는 어려움이 많았다.

그럼에도 불구하고 그는 포기하지 않았다. 갖은 제약을 극복하면서 양돈농장 건설을 완성해내는 저력을 보여, 북측 담당자들을 놀라게 하였다. 심지어는 남측 양돈 사료를 때 맞춰 휴전선 넘어 북측 양돈장에 전달 공급해야만 하는 어려운 조건을 뚫고서 말이다.

진길부 조합장과의 인연은 1980년대 초 한농연, 농어민후계자연합회 조직. 그리고 한국농어민신문 창립 과정에서였다.

또한 1998년 당시 양돈업계의 최대 당면 과제였던 양돈 질병인 돼지 콜레라 박멸/방역 사업시기였다. 지금 가축방역지원본부의 효시격인 돼지콜레라방역비상대책위원회 조직과 활동을 같이하기도 했었다.

당시 대한양돈협회 최상백 회장을 위원장으로 모시고, 축협, 사료업계, 전문가 등이 함께 국가적 방역체계를 논의하고 추진하였다. 나는 초기에 비대위 집행위원장 역할을 맡아 일하다가 전문가인 윤희진 회장이 맡아서 수고하셨던 기억이 새롭기만 하다.

초기 논의과정에서는 야생멧돼지까지 방역 대상으로 해야 한다는 등 방역의 어려움을 인식하기도 했다. 당시 문제는 재원 마련이 과제였다. 농림부의 대책이 세부적으로 아직 초기였기 때문에 우선 대기업 사료업체의 동의를 받아, 돼지콜레라 방역의 필요성을 계몽하면서 사료 대금의 0.5%를 갹출하여 예산으로 활용하는 방안도 논의했다. 그러나 여러 가지 잡음으로 구체화하지 못했다.

　진길부 조합장은 선후배 사랑이 남달랐다. 내가 알기로는 초기 농사단 창립 멤버이기도 했던 조동주 선배님을 잘 모시기도 했고, 후배 농업경영인들에게 멘토 역할도 소홀히 하지 않았다. 마음도 따뜻한 사람이었다. 그러나 뭐니뭐니해도 진길부 조합장은 평생을 양돈경영자로 그것도 협동조합방식, 도드람양돈협동조합과 함께 살았고 세상을 떠날 때도 도드람양돈조합과 함께였다.

　개인 또는 기업방식도 있고 협동조합 방식도 있었지만 그는 쉽지만은 않다고 생각하는 도드람양돈협동조합을 추진하고 마침내는 성공의 반열에 올려 놓았다. 우리는 그의 성공적인 업적을 도드람양돈협동조합에서 찾고 싶다.

　초기 경기도 이천에서 도드람이라는 이름으로 출발해서 전국적인 양돈조합으로 성장하기까지 난제도 많았을 것이다. 도드람이란 명칭이 말하듯이 초기 이천을 중심으로 사업전개 하다가 양돈농협으로 전환 이후 전북, 전남 지역 양돈농협을 합병하면서 전국적 차원의 양돈농협으로 발전한 데는 진길부 조합장의 역할이 결정적이었다.

　그의 양돈 사랑, 그것도 협동조합 방식으로 말이다. 이에는 선진적인 조합원들의 적극적인 참여와 이용이 토대가 되고, 훌륭한 경영진의 헌신적인 노력이 바탕이 됐다.

나 또한 양돈 선진국인 덴마크의 세계적인 조합형기업 데니쉬 크라운이라는 양돈기업을 견학하면서, 우리 나라도 언젠가는 그 반열에 올라야 할텐데 하는 꿈을 꾸기도 한다. 그 희망을 도드람 양돈협동조합이 이루어 내기를 바라는 마음이다.
　아울러 2007년 남북이 합의하여 추진하기로 했던 평양시 강남 고읍리의 통일양돈장도 건립되기를 꿈꾸어 본다.
　진길부 조합장도 지하에서 기도하고 적극 성원 할 것이라 믿는다!
　꿈도 같이 꾸면 더 수월하게 이루어진다는 말씀처럼!!!

머리글

"삶으로 남긴 유산, 진길부와 혁신의 역사"

인간 진길부의 삶의 족적은 단지 그의 일기장이나 근무했던 조직 내의 기록에만 감춰두기에는 너무나 아깝고 소중한 가치를 지닌다. 그는 그야말로 무(無)에서 유(有)를 창조한 개척자이자 혁신가였다. 그의 삶의 여정은 단순히 성공의 이야기가 아니라, 후세들에게 어떻게 살아가야 하는지, 그 삶의 방향을 제시하는 교훈으로 가득 차 있다. 진길부를 가장 가까이에서 지켜본 개척농사단 회원들과 지인들은 그가 삶을 마감한 후, 그 빛나는 발자취를 세상에 전하기 위해 평전을 발간하기로 뜻을 모았다.

진길부의 삶은 시작부터 기적적이었다. 어린 시절 죽음의 문턱에서 극적으로 구출된 그는 이후에도 수많은 어려움을 극복하며 한 걸음씩 자신의 길을 개척해 나갔다. 제주도에서의 고교 시절, 그는 가난한 가정환경 속에서도 꺾이지 않는 강단(剛斷)을 보여주었다. 이때부터 그의 내면에 자리 잡은 '외유내강'의 정신은 이후 그의 삶을 관통하는 핵심 가치가 되었다. 어려운 가정형편 상

서울 유학은 보통 사람이라면 포기했을 도전이었지만, 진길부에게는 예정된 여정이었다.

서울농대 재학 시절 만난 농사단은 그의 삶에 깊은 흔적을 남겼다. 농사단과의 인연은 그를 경기도 이천으로 이끌었고, 그곳에서 성공적인 삶을 열어가는 기반이 되었다. 그는 농사단을 사랑하였고, 그들의 구심점이자 이정표가 되었다.

진길부는 주어진 여건을 효율적으로 활용하며 앞길을 스스로 개척한 진정한 개척자였다. 그의 농장이 '개척농장'이라는 이름을 가진 것도 우연이 아니었다. 그는 하나의 자원을 가지고 열 배의 가치를 만들어 내는 혁신적 사고를 가진 사람이었다. 양돈업을 시작하며 단순히 규모를 확장하는 데 그치지 않고, 협업과 상생을 통해 더 나은 미래를 만들어 나갔다. 그는 늘 연구하고 기획하며 새로운 길을 찾는 혁신가였다.

또한 그는 단순한 상관(上官)이 아니라, 조직 구성원들이 직장을 통해서 개인의 발전을 도모하도록 인도하는 인생의 안내자이기도 하였다. 그와 함께 일했던 사람들은 그를 회고하며 "상관이라기보다 함께 나아가는 동료이자 멘토였다"라고 입을 모은다. 진길부의 삶에는 이런 진정성이 깃들어 있었다.

이 평전에서는 이러한 진길부의 삶을 있는 그대로 기록하고자 노력하였다. 그의 업적을 과장하거나 미화하지 않고, 사실에 기반한 이야기를 통해 이 평전을 읽는 사람들이 그의 진심을 느낄 수 있기를 바란다.

평전을 준비하며 자료를 제공해 주신 많은 분들에게 이 자리를 빌려 깊이 감사드린다.

아무쪼록 이 평전을 통해 인간 진길부를 사실적으로 이해하는 계기가 되기를 바라고, 혹시라도 관련 업계에서 그의 열정으로 인해 불편을 겪었던 이들이 있다면 이 기록을 통해 진길부의 진심을 이해하는 계기가 되기를 희망한다.

2025년 7월
진길부 평전 편집위원회

편집에 도움주신 분, 김태균, 김왕호, 이지혜, 박광식, 박애란, 홍은숙 님

목 차

004	추천사
008	머리글_ "삶으로 남긴 유산, 진길부와 혁신의 역사"

016	진길부의 출생과 어린 시절
027	서울대학교 대학생 시절 (개척농사단, 서둔야학)
034	'개척농장'을 일구다 (소 사육에서 양돈업 전환)
042	무명회, 이천 양돈조합 활동을 하다
044	'개척협업농장'을 만들다 (협업을 통한 효율화, 분업화 실천)
055	본격적인 양돈산업에 뛰어들다.
059	농민 주도의 '도드람', '도드람양돈조합'을 만들다
069	'도드람양돈조합'을 최고의 양돈농협으로 성장시키다
072	상업자본 배제로 독립 경영의 도드람양돈농협을 만들다
077	양돈농민을 유기질비료 공급자로 바꾸는 노력을 진행하다
082	무허가 축사의 양성화에 기여하다
083	양돈농민 주도의 '돼지 도축시설'과 '유통시장'을 개척하다
085	농장 종업원이 일하기 편한, 체계적 관리가 되는 양돈장을 만들다
089	돼지열병 박멸사업 등 가축질병 방역조직 구성에 앞장서다
095	제주지역 양돈산업 발전에 기여하다
098	재단법인 도드람 농사문화재단(양돈연수원) 설립과 해외농업 개척에 힘쓰다
111	양돈산업을 통하여 '남북농업교류'를 실천하다 - 금강산 편
158	평양에 남북합작 양돈장을 추진하다 - 평양 편
184	진길부 삶의 마무리 ('도드람'과 마무리)

부록

201   01) 평화와 제주도를 사랑했던 진길부 - 김준영
207   02) 진길부 고교시절 - 미네르바 부엉이클럽 외 - 김태균
212   03) 서둔야학사 - 황건식
217   04) 서둔야학 시절의 진길부 - 박애란
233   05) 개척농사단 - 김왕호
242   06) 도드람 창립 25주년 기념 진길부 인터뷰
250   07) 진길부가 남기고 간 것들 - 김준영

262   편집후기

진길부의 출생과
어린 시절

　진길부는 1946년 11월 6일 일본 오사카 지역에서 진창현, 박향 부부의 7남매 중 막내로 태어났다. 1946년 일본 오사카 지역은 일제 강점기 전후 시기에 제주도 출신 조선인들이 주로 모여 살던 곳이었다. 진길부의 부모도 오사카 지역에 정착한 제주 지역 지인들의 소개로 제주도에서 오사카 지역으로 이주하여 억척스럽게 살고 있었다.

　세계 2차대전 끝인 1945년 8월, 두 차례 미군의 원자폭탄 공격으로 일본은 아비규환 상태에 있었다. 일본 제국주의 군대의 총본산 대본영이 있었던 히로시마, 일본 구주의 주요 도시이자 일본 해군 병참기지가 있었던 나가사키 도심에 대한 미군의 원자폭탄 투하로 일본군의 대본영과 해군기지가 파괴된 것은 물론이고, 그곳에 거주하는 일본인들도 약 20여만 명이 사망하는 피해를 입었고, 그 도시에서 일하던 수만 명의 재일 조선인들도 사망하거나 피폭당하는 등의 많은 피해를 입었다.

　일본 제국주의의 몰락과 2차 세계 대전이라는 대규모 전쟁에 의한 피해 등으로, 일본에 거주하는 조선인들의 일본 오사카에서의 생활도 어려움과 혼돈의 연속이었다. 많은 수의 재일 조선인들이 고국인 대한민국 땅으로 귀국하던 시기에, 진길부 부모도 이 대열에 합류하였다.

일본 오사카에서 귀향한 진길부 부모는 제주도에 정착하기 위해 노력하였으나, 제주도는 비극적인 역사의 소용돌이 속으로 휘말리게 된다. 1948년 11월 말경, 제주시 애월읍 근처에서 제주 4·3 사건[1] 관련 상황을 마주하게 된다.

당시 차량(지프)을 타고 제주 시내에서 애월 지역을 지나 남제주군 서귀포시(당시 남제주군) 대정 지역으로 향하고 있었던 진길부 부모와 아기였던 진길부가 이동 중에, 제주 4·3 사건 관련 좌익 폭도들이 탄 차량으로 오인을 받아 진압 경찰과 진압 군인들의 총격을 받게 되었다. 이 자리에서 진길부의 부모는 현장에서 사망하고, 아기였던 진길부는 어깻죽지 일부에 총탄이 비켜 가는 정도의 상처만 입고 기적적으로 살아남았다.

이 사건 현장에 있었던 진압군인 장교 중 한 명이었던 김동진 소위가 살아 있던 아기 진길부를 아기용 이불 포대에 담아서 근처

....
[1] 제주 4·3 사건 : 1947년 3월 1일부터 1954년 9월 21일까지 7년 7개월간 제주도에서 일어난 사건을 통칭하는 이름이다. 2007년 개정된 제주 4·3 사건 진상규명 및 희생자 명예회복에 관한 특별법에서 이 사건의 명칭도 정리되었는데, "제주 4·3 사건이라 함은 1947년 3월 1일을 기점으로 하여 1948년 4월 3일 발생한 소요 사태 및 1954년 9월 21일까지 제주도에서 발생한 무력 충돌과 진압 과정에서 주민들이 희생당한 사건을 말한다"라고 정의되어 있다. (부록 01) 참조)

제주 애월읍 소재 생면부지의 한 할머니 댁에 맡기게 된다. 이 사건은 한동안 제주도 4·3 봉기를 이끈 좌익 계열의 제주 4·3 폭도들이 진창현 부부에게 무차별 총격을 가해 살해한 것으로 와전되어 알려졌으나, 당시 제주신문 기자였던 이기형 기자가 사건 발생 이후에 현장을 방문하여 취재한 바에 따르면, 진압 군인과 진압 제주 경찰의 총격에 의한 사건이었음이 제주 4·3 사건 증언으로 확인되었다.

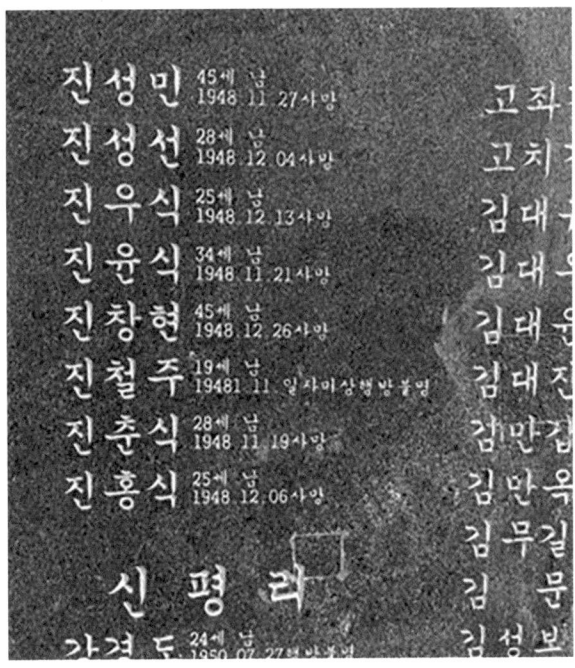

제주 4·3 평화공원 위령비 중 서귀포 대정읍 희생자 명단 중에 진창현(진길부 부친) 님의 이름이 보인다.

1948년에 제주신문사 기자였던 이기형 씨는 15년 후인 1963년에 제주 오현고등학교 국어 선생님으로 재직 중이었고 진길부와는 고등학교 교사와 제자로 만나게 되었으며, 이때 위 사건을 자세하게 알려주었다.

이 사건과 관련된 김동진 소위(1948년 당시 계급, 23년 후인 1971년에 3사단장)가 명령하여 아기 진길부를 사건 발생 장소 인근 제주 애월지역의 노부부에게 맡겼다.

이러한 소식을 나중에 알게 된 진길부의 큰어머니가 수소문 끝에 제주 애월읍 소재 노부부가 키우고 있던 아기 진길부를 찾아내었고, 서귀포 대정 인근에 있는 큰어머니 집으로 데려가서 이곳에서 아기 진길부를 키웠다.

진길부의 유아기와 어린 시절은 큰어머니 손에서 자라게 된다. 큰어머니께서는 친아들처럼 진길부를 보살폈고, 인근 아기 엄마들로부터 젖을 얻어 먹여 키우는 등 큰어머니의 사랑과 은혜를 입고 자랐다.

한국전쟁이 막바지 무렵인 1953년에 진길부는 제주 서귀포시 대정읍 인근 신도초등학교[2]에 입학하여 다니게 되었다.

---

2 신도초등학교 주소 : 제주도 서귀포시 대정읍 신도리 1382-1 번지. 학생 수가 점차 줄어들어 1998년 3월 1일 자로 신도초등학교는 폐교됨. 현재는 제주 올레길 12코스로 올레길 순례자들이 들르는 장소로만 활용되고 있다.

폐교된 2025년 신도초등학교 모습

　진길부는 초등학교 시절에 다른 학생 동기들과도 잘 어울리고 총명하며 배려심 많은 학생이었다.

　다른 동기들보다 학교 공부를 열심히 했던 진길부는 중학교에 입학하려는 뜻은 가지고는 있었지만, 가정 형편상 중학교에 진학할 수 없었다.

　1959년에는 중학교 교육제도가 국가 의무교육 대상이 아니어서 중학교에 진학하려면 입학금과 등록금이 필요했으며, 진길부가 초등학교 졸업 무렵 제주도민들의 살림살이, 즉 경제 상황은 가뭄이 연속되는 등 매우 좋지 않았다. 진길부의 큰아버지 가족들도 경제 형편이 좋지 않아 진길부를 중학교에 보낼 수 없었다.

그러던 중 초등학교 졸업 시기에 진길부의 큰아버지와 큰어머니는 자신들이 친부모가 아님을 진길부에게 알려주었고, 그가 자립해서 살아갈 것을 권했다.

중학교에 다니지 못하고 있던 진길부의 소식은 신도초등학교 시절 선생님들에게 알려졌고, 이를 알게 된 선생님들이 진길부의 백부를 찾아가 중학교에 진학하도록 설득했다. 선생님들은 돈을 모아 지원해 주었고, 그 결과 진길부는 1년 후 중학교에 입학하게 되었다. 진길부는 1960년이 되어서야 제주도 서귀포 서쪽 지역인 남제주군 대정읍 무릉중학교에 가까스로 입학할 수 있었다.

진길부 학사장교 시절. 휴가 나와서. 조카들과. 무릉중학교 입구에서 같이 사진 찍음

대정무릉중학교를 다니면서 각종 농사일도 같이 하며 대부분 소 촐('꼴'을 제주도 말로 '촐'이라고 함)을 주로 먹이면서 중학교 과정을 졸업하였다. 제주 오현고등학교 동기생 김태균에 따르면 진길부는 재학 시절 수학 공부를 잘했다고 하며, 중학교 재학 당시 교과서를 하도 많이 봐서 교과서 표지와 책자 앞쪽 2~5쪽이 다 떨어져 나간 교과서가 여러 개일 정도였고, 중학교 교과서 전체 내용을 거의 외울 정도로 열심히 공부하던 학생이었다고 한다.

밭농사 일을 거들고, 풀을 베고 소를 몰며 들판에서 소에게 꼴을 먹이면서 어렵게 공부하던 중학생 시절의 진길부는, 제주 오현고에 입학하여 나중에 서울 지역에 있는 대학에서 공부하겠다는 계획과 농촌 부흥에 대한 원대한 꿈을 가지게 되었다. 이러한 목표 달성을 위하여 영어와 수학 등을 열심히 공부하였다.

당시 제주 오현고등학교는 사전에 입학 자격시험을 치러서 상위 합격자만이 입학이 결정되었는데, 열심히 공부했던 진길부는 1963년 입학생 전체 전교 6등 성적으로 학교 장학생 자격을 얻어 제주시 소재 오현고에 합격하였다. 제주 오현고등학교 재학 시절, 학교가 제주 시내에 있었기 때문에 제주 시내 먼 친척 집에서 기거하긴 하였지만, 식사 문제 등을 해결할 수 없었던 진길부는 학기 중에는 친구들에게 주로 의존할 수밖에 없었고, 방학 중에만 서귀포시 대정 지역에서 생활하였다.

진길부가 다녔던 옛 오현고 교정 모습

오현고등학교 시절에는 교복을 입고 학교에 가야 하는데 진길부는 교복이 없어서 학기 초에는 교복 없이 다녔으며, 한 달이 거의 지나서야 중고 교복을 얻어서 입고 다닐 수 있었다.

점심밥을 자주 굶는 것을 알게 된 고등학교 동기들이 자신들의 부모들에게 여벌의 도시락을 싸 달라고 하여 그 여벌의 도시락을 주는 방식으로 진길부의 점심밥을 해결해 주었다.

1963~64년 진길부의 고등학교 1~2학년 시절에는 동기 김태균, 김호건 등 절친 12명이 있었고, 김태균과는 '미네르바부엉이클럽'[3]이라는 학교 동아리 활동도 활발하게 했다.

....
3 제주 오현고 시절 친구 김태균이 보유하고 있는 동아리 활동 자료, 1964년 7월 25일 발행, 미네르바부엉이클럽 자료집 – 진길부, 김태균 외 12명의 수필 형식의 글 등이 실려 있다. (부록 02) 참조

진길부 고교 시절 사진 (김태균 제공 – 가운뎃줄 맨 오른쪽이 진길부)

제주 오현고등학교 시절, 진길부는 농촌 계몽 운동가인 유달영 선생[4]을 유독 존경했고, 향후 유달영 선생처럼 살겠다는 농촌 부흥의 뜻을 친구들에게 자주 이야기했다. 유달영 선생이 교수로 있던 서울대학교 농과대학 역시 동경하고 있었다.

오현고 시절, 서귀포시 대정읍에서 멀리 떨어진 제주 시내에 거처를 마련하기 어려웠던 진길부는 제주 시내 가정집에서 숙박을

----

4 유달영 선생 : 경기도 이천 출신으로 수원고등농림학교 졸업. 독립운동가, 농촌 선각자, 서울대학교 농과대학 교수. 근대 농촌의 계몽과 개혁 운동에 앞장서신 성천 유달영 선생(1911~2004년)이다. 청년 시절부터 브나로드 운동을 시작으로 근대 문맹 퇴치 운동, 농촌 계몽, 재건 국민운동 등 근대 민중운동을 이끌던 사회운동가로 자신보다는 나라와 민족을 위해 헌신한 삶을 살아 대중들에게 추앙받는 선각자이다.

겸하는 입주 과외를 하기도 하고, 오현고등학교 동기인 친구들 집 여기저기서 동가식서가숙하였다.

1965년, 진길부가 고3 시절에는 고교 친구인 김호건 집에서 주로 기거하면서 서울 지역에 있는 농과대학을 목표로 대학 입시 준비를 했다.

1965년 말 서울대학교 시험에 응시했는데, 응시한 여러 명의 제주 오현고 동기 중 다수가 합격했고, 진길부는 서울대학교 농과대학에 합격하였다. 1966년 초, 서울대학교 농과대학에 합격하고도 대학 입학금과 등록금이 없어서 진길부가 대학 입학을 포기하려고 할 때, 당시 제주 오현고 고봉식 교장 선생님(후에 제주도 교육감 역임)이 대학 등록금을 마련해 주어 서울대학교에 입학할 수 있었다.

하지만 큰아버지 집에서 등록금 외 기타 학비를 댈 수 없는 형편이어서 대학에 다니면서도 등록금과 생활비 등을 스스로 마련할 수밖에 없었기 때문에, 진길부는 학과 공부를 열심히 하여 학교 장학금을 받고 방학 중에는 아르바이트하여 생활하는 길밖에 없었다.

제주 오현고 고봉식 선생님은 1966년 초, 제주신문에 서울대학교에 합격한 진길부 학생을 돕자는 독지가 모집 광고를 내고, 기부금을 모집하는 등 많은 노력을 해서 진길부의 대학 등록금과 육지부[5]에 거주하는 초기 생활 비용을 모아 주었다고 한다.

진길부는 오현고등학교 시절에 도움을 받았던 등록금과 장학금을 잊지 않고, 나중에 양돈사업으로 돈을 벌어서 제주도와 오현고에 장학금을 기부하게 된다.

아울러 이러한 과정이 계기가 되어 서울대학교 농과대학 시절 농과대학 서클 중 하나인 '개척농사단'에 가입한다. 서울대학교 농과대학 소재지인 수원시 서둔동 인근에서 중등, 고등학교 과정인 정규 학교에 다니지 못하던 중학교 비진학 청소년들을 모아서 가르치던 '서둔야학교'(부록 03 참조) 활동에도 적극적으로 참여하는 동기가 되었다.

진길부 오현고등학교 졸업식 모습

....
5   당시 경기도 수원시 서둔동 소재 서울대학교 농과대학 수원캠퍼스 인근 – 제주도 사람들은 제주도 외의 서울, 경기도, 전라도, 경상도, 충청도 지역을 '육지부'라 불렀다.

서울대학교
대학생 시절 (개척농사단, 서둔야학)

진길부의 성공적인 삶을 태동시킨 경기도 이천 신둔면 도암리 생활의 뿌리는 개척농사단과의 인연에서 비롯된다.

진길부는 1966년에 서울대학교 농과대학에 입학하고 나서, 제주 출신으로 1년 먼저 입학한 강용찬을 만나게 된다. 강용찬은 1학년인 1965년에 이미 농사단(부록 개척농사단 참조)에 입회해 있었다. 대학 입학 후 진길부는 서둔야학 활동을 적극적으로 하면서 당시 서둔야학을 실질적으로 이끌었던 농사단 선배 회원들의 권유로 농사단에 입회를 하였다. 농사단은 농촌부흥 운동에 뜻을 가지고 있던 서울대학교 농대생들이 결성한 동아리로, 1960~1970년대 농대 학생 운동사에서 큰 역할을 하였다.

서둔야학은 당시 가정형편 등이 어려워 취직을 해서 중등, 고등학교 공부를 제대로 못 하고 있던 미진학 어린 학생들을 가르치는 야학교였다. 진길부는 서둔야학교(부록 서둔야학사 참조) 활동에도 참여하여 열성적으로 학강(학생이면서 강사 역할) 활동을 하였다.

진길부는 서둔야학교에서 생물과 수학을 잘 가르치는 선생님으로 유명했다. 당시 서둔야학교 학생이었던 박애란 작가는 "진길부 선생님은 서둔야학교 생물, 수학 담당 선생님으로서 수학 문제도 알기 쉽게 잘 설명해 주고, 어려운 수학 공부를 재미있고 자상하게 잘 가르쳐 주셨을 뿐만 아니라 인간적으로도 휴머니스트로서의 진면목을 갖춘 분"으로 회고하고 있다. (부록 서둔야학 시절의 진길부 참조)

진길부, 황건식, 변승호 선생님 등 서둔야학교 선생님들은 서둔야학 활동에 얼마나 열심히 임했는지, 당시 선생님들 사이에서는 "우리는 서울대학교 농과대학을 다니는 게 아니라 서둔야학교를 다닌다"라는 말이 나올 정도였다.

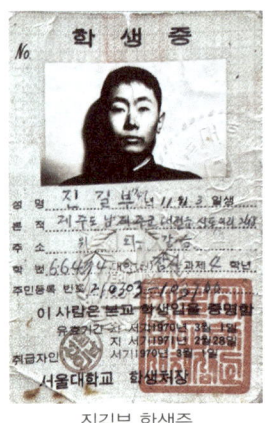

진길부 학생증

서둔야학교 1966년 학생, 강사 전체사진

개척농사단 활동과 서둔야학교 활동 등 활발한 동아리 활동을 하면서 대학 학과 공부에 잠시 소홀해지면서 농과대학 2학년 시기(1967년)에 학교 장학금을 못 받게 되었다. 장학금을 받지 못하게 되니, 다음 학기 대학 등록금을 댈 수 없었고, 차기 학기 등록금이 없으니 휴학을 할 수밖에 없었다. 진길부는 휴학 기간에 아르바이트를 여기저기 가리지 않고 하였다. 그중에는 서울 충무로 인근 한식 식당에서 일한 적도 있었는데, 그곳에서 언어폭력과 학대를 심하게 당하였다. 진길부는 5년 후 학사장교 신분으로 다시 그 식당을 찾아가서 학대했던 주인으로부터 기어코 사과를 받아냈다.

당시 개척농사단 선배였던 황건식(농학과 63)의 부친이 경영하던 경기도 부평의 과수원에서 아르바이트를 하게 되었는데, 이곳에서 평생 반려자인 황인숙 여사를 만나게 된다.

진길부는 다시 복학하여 농과대학 3, 4학년 학업과 학군단(ROTC)을 병행해서 서울대학교 농과대학을 졸업하고 육군 학사장교로 입대하였다. 1971년 학사장교로 입대한 부대는 강원도 철원군 소재 3사단이었으며, 당시 사단장이 김동진 사단장이었다. 김동진 사단장은 1948년 12월경에 진길부를 살려준 인연이 있었던 그 당시 소위였던 김동진 그분이었다고 한다. 군부대에서 사단장과 초급 장교(소위)로 만난 두 사람은 23년 만에 만나게 된 반가움보다는 시대의 아픔과 군 장교로서의 상황에 대해 공감하면서 오히려 제주 4·3 사건과 관련해서는 더는 이야기하지 않기로 하면서 헤어졌다고 한다.

대학을 휴학하는 동안 학비를 마련하기 위하여 황건식 선배의 경기도 부천 소재 부평농장 과수원(당시에는 황건식 선배의 부친이 경영)에서 일하는 과정에서 황건식 선배의 여동생 황인숙과 여러 해를 사귀다가, 진길부가 서울대학교를 졸업하고 학사장교 복무 시절인 1972년에 결혼을 하였다.

개척농사단 1966년 야외 소풍 모습

1967년 제4회 농사대회 농대교정에서 단체사진

1966년 제3회 농사대회에서 특강 중인 류달영 교수님

진길부 대학졸업사진 (잠사학과 1971)

진길부 장교 시절, 대학시절 모습

대학 졸업 사진(1971)

어린 자돈을 안고 있는 진길부, 황인숙 부부

'개척농장'을 일구다
(소 사육에서 양돈업 전환)

진길부는 학사장교로서 군대를 전역한 후(1974년), 서울대학교 농과대학 잠사학과(2025년 현재는 농업생명과학대학 천연섬유학과) 전공에 따라 대학 선배 심재익(잠사, 56, 농사단)이 소개해 준 강원도 춘천시 소재 동방 제사공장에 취직하게 되었다. 1974년 초부터 2년 6개월간 동방제사에서 회사원으로 근무하며, 진길부는 회사원이 아닌 농업에 종사하며 살고자 하는 꿈을 품고 있었다. 개척농사단 모임 등에서 농지를 물색하고 여러 선·후배들의 의견을 청취하며 농민의 삶을 추구하기 위해 노력했다.

그러던 중 1976년 7월 11일, 드디어 농업에 대한 꿈을 실현하기 위해 개척농사단 선배들이 소개해 준 경기도 이천군 신둔면 도암리로 떠나게 되었다.

도암리에는 서울대 농과대학 학생들의 모임인 농사단 선배 중 한 분인 김수복(농생물, 56, 농사단)이 먼저 정착해 있었다. 이후 이곳을 농사단 공동체 건설의 후보지로 삼기 위해 권순종(농학, 60, 농사단), 이태호(농생물, 63, 농사단) 등이 사재를 동원해 토지를 매입하였다.

이후 공동체 건설의 구체적 진행이 어려워지자, 마지막 소유자였던 이태호가 진길부에게 이 땅을 개간하여 사용하라고 배려해 주었다. 농사단의 꿈이 진길부를 통해 실현되었다고 해도 과언이 아니다.

진길부는 당시 황인숙 본가(진길부 처가)인 경기도 부평 집에서 쌀 2가마와 부식 등 먹을 것들을 싣고 김상섭이라는 청년과 함께, 경기도 이천 신둔면 도암리로 3번 국도를 따라 100km에 달하는 비포장 거리를 새벽부터 오후 늦게까지 경운기로 운전하여, 드디어 경기도 이천군 신둔면 도암리에 도착하게 되었다.

1976년 여름철, 허름한 우사를 짓고 그 안에 사람이 잘 수 있는 방도 하나 만들어 기거했다. 첫해에 약 5,000평의 산지를 개간하였고, 1977년에는 수도를 끌어오고 별도의 살림집을 짓고 전기도 끌어오면서 인근 산지 50,000여 평도 개간하기 시작했다.

진길부는 내학 친구이자 개적농사단 회원인 이균희(농화학. 66. 농사단)에게 1976년경 송아지를 살 돈을 빌리게 되었다. 당시 장녀 돌잔치를 막 치른 이균희는 돌잔치 때 받은 금반지를 모두 팔고, 자신의 두 달 치 월급까지 합쳐 송아지 한 마리 값을 마련해 주었다고 한다. 이 부부는 이 일을 까맣게 잊고 살았는데, 20여 년이 지난 후 진길부가 이균희의 장녀, 즉 예전에 돌잔치를 했던 여식의 결혼식에 참석했다. 그 자리에서 그는 1,000만 원짜리 적금통장을 장녀에게 전달하며, 27년 만에 그 빚을 갚았다는 유명한 일화가 전해진다.

서울대 농과대학 학생과 졸업생들의 모임인 개척농사단(1961년 창립한 단체, 부록 개척농사단과 진길부 참조) 선배 중 한 분인 김수복(농생물, 56. 농사단)이 먼저 정착해 있던 경기도 이천시 신둔면 도암리 농장 근처에서, 이태호(농생물, 63. 농사단)와 김수복(장호원농협 상무, 이천농협 전무 역임)이 소유하던 산을 개간하여 사용하라고 배려해 주었다.

이때부터 전기와 전화도 없고 물도 없는 황무지 상태의 경기도 이천 신둔면 도암리의 산속에서 풀을 베고, 나무를 베며 자갈을 모았다. 밭을 일구고, 풀을 심어 개간사업에 몰두하게 되었다. 개간사업에 매진한 지 1년여 후인 1977년부터는 개간한 일부 밭에서 밭농사를 짓고 오두막 축사를 지어 소를 키우기 시작했다.

진길부가 작성한 개척농사단 45주년 기념 책자 내용에 따르면 "1976년 7월 11일 개척농장을 개설하고 그해에는 한우 9두를 사육하기 시작했으며, 1982년까지 낙농사업용 젖소 20두를 키웠다"라고 기록되어 있다.

손수 지은 가정집과 블록으로 지은 오두막 축사에서 1978년부터 젖소 20마리와 한우 4~5두를 함께 사육했다. 당시 홀스타인 젖소 1두가 1일 15~20리터 정도의 원유(우유)를 생산했는데, 인근에는 원유 저장시설도 없고 이동 수단도 열악해서 그날 짠 원유를 그날 안에 경운기에 실어 경기도 이천 읍내 원유 집유소까지 반드시 실어다 주어야만 했다고 한다.

물론 공휴일, 토요일, 일요일도 없이 매일 젖을 짜고, 수송 일도 하고, 밭일도 해야 했다.

1977년 가을, 개척농사단 회원들로 구성된 재학농사들의 모임(MT)이 경기도 이천시 신둔면 도암리 진길부 개척농장 부지에서 열렸다. 당시 개척농장은 전기도 들어오지 않았고, 교통사정도 나빠서 이천군 신둔면 도암리 입구에서부터 부식 상자와 과일, 그리고 막걸리 술통을 들고 걸어서 농장까지 가는 고행길이었다고 최영찬(농교육, 77, 농사단) 농사단 회원은 회고하고 있다.

물론, 이러한 곳에서 개척농사단의 이념을 몸소 실천하고 있는 김수복 선배와 진길부 선배의 모습은 최영찬을 비롯한 재학농사들에게 깊은 감명을 주었다. 밤새 모닥불을 피우고 막걸리를 나누며, 서로의 마음을 열고 열띤 토론과 대화를 통해 개척농사단 가족으로서의 의식을 굳건히 하는 계기가 되었다고 한다.

농장 부지와 농지 개척 일을 오로지 자신의 손과 경운기로 일구다 보니, 진길부의 손은 소나무 껍질처럼 거칠어졌다. 진길부와 악수를 해본 사람들은 진정한 농부의 손이라고들 말한다. 황무지를 그 손으로 개간하고 개척하여 일군 농장의 이름을 진길부의 꿈에 따라 '개척농장'이라고 명명하였다.

부인 황인숙은 강원도 춘천시 소재 소양중학교 등에서 교편생활을 하다가 1978년에 경기도 이천 신둔면 도암리 개척농장으로 합류하였다. 이 시기에 진길부와 황인숙 부부 사이에서 장녀 진혜

영과 차녀 진소영이 태어났고, 1983년에는 장남 진경영이 태어났다.

진길부는 1976~79년 개간한 토지를 10년 동안 사용하기로 토지주와 계약했으나, 계약 기간이 2, 3년 남은 상태에서 개간 토지가 제3자에게 매매되어 6, 7년 동안 개간해 오던 터전에서 나가야 하는 청천벽력 같은 일이 벌어졌다. 집도 우사도 다 내어놓고, 일부 토지를 다시 구입해서 새출발을 하지 않을 수 없는 상황이 되었지만, 이 일이 오히려 전화위복이 되었다.

새로운 땅 주인과 이태호 씨(해태그룹 전 이사, 진길부의 대학 3년 선배)가 10만여 평의 개간지 토지(이태호 씨 소유) 중에서 1만여 평의 소유권을 진길부에게 넘겨주고, 나머지 토지 9만 평만 매매하게 된 것이다. 이 1만여 평의 땅이 진길부가 처음으로 갖게 된 토지였다. 본인이 직접 개간한, 너무나도 고맙고 대견하고 아끼던 토지였으며, 이후 양돈장의 출발점 부지가 되었다.

1979년 10월, 박정희 대통령 서거 등으로 촉발된 정치 불안과 1980년 초 경제파동으로 한우 소값이 폭락했다. 이로 인해 많은 소 사육 농민이 자살 등 극단적 선택을 하는 비극적인 상황이 발생하면서, 한우와 젖소 사육의 위험성을 절감한 진길부는 전업을 고민하기 시작했다.

마침 1977년 전후로 이천 지역에서 알고 지내던 윤희진(축산.61 경기도 용인에서 제일농장 이사를 역임하며 돼지를 키움, 현재 다비육종 회장)이 1982년경 대월종돈장의 돈사 건설을 제안했고, 진길부가 이 일을 맡게 되었다.

이로 인해 진길부는 대월종돈장 부지 매입, 양돈장 관공서 인허가 업무, 종돈장 신축 업무, 종돈 입식, 종돈 사양 관리 업무, 사료 계약 업무 등 양돈사업 전반을 접하게 되었고, 윤희진 대표는 진길부에게 양돈을 해보라고 권유하게 된다.

이에 진길부는 개척농장 근처의 토지 1,000여 평을 팔아 경기도 이천군 신둔면 도암리 현 개척농장 부지(900평)에 돈사를 짓고, 후보돈을 입식하면서 양돈업에 정식으로 입문하게 되었다.

이때부터 진길부의 양돈 관련 사업이 열리게 되었고, 그 열린 문이 때로는 진길부에게 고생문이 되기도 하였으며, 동시에 우리나라 양돈산업과 농업에 커다란 기여를 하게 되는 계기가 될 줄은 진길부 본인도 몰랐을 것이다. (1983년 양돈업을 시작하여 1989년에는 모돈 120두 규모로 확대되고 비육돈 1,080두를 포함해 총 1,200두를 사육하게 되었다.)

개척농장에서 소를 키우면서 1982년에 제1회 경기도 농어민후계자로 선정된 진길부는 경기도 이천 지역에서 농어민후계자단체를 만들며 농민운동의 길로 들어섰다. 1982년부터 7~8년간 농어민후계자단체 활동을 통해 후계자연합회 경기도지회장을 역임하며 경기도 지역 위주로 활동하던 진길부는, 1990년에는 전국농어민후계자연합회 전국연합회장 선거에 후보 등록하여 회장 선거에 나서게 되었다.[6]

---

6 1990년 진길부 전국농어민후계자연합회 회장 후보. 엄진용 경기도 이천시 소재 대지영농 대표가 당시 선거운동에 동행함. 봉고차를 타고 전국 각지를 순회하였다고 함.

선거운동에 열심히 노력했으나 농어민후계자 전국연합회장 선거에서 낙선의 쓴맛을 본 진길부는 농어민후계자 관련 단체 활동을 그만두게 되었다. 그러나 이는 오히려 전화위복이 되어, 1991년부터 본격적으로 양돈사업에 전념하면서 양돈 농민으로서의 고민을 함께하게 되었다.

개척농장 초창기 (1976-77년) 모습

개척농장 초창기 (1976–77년)

무명회,
이천 양돈조합 활동을 하다

진길부가 무명회 활동을 하던 시기에 이범호(축산, 70) 대표는 1990년에 이천시 소재 성지농장을 인수하고, 대한사료 무지개사료 영업부장에서 퇴사하여 본격적으로 농장 일을 시작하려고 했다. 이때 심이보 대표(농공학, 71, 농사단)의 제안으로 진길부와 함께 개척 협업농장에 참여하게 되었다.

당시 이범호 대표는 무지개 사료 영업부장 시절 고객들이었던 경기도 이천, 여주 지역 농장주들과 함께 '무명회'라는 모임을 만들어 운영하고 있었는데, 이 회원 중 한 사람이 진길부였다. (무명회는 처음에 5명으로 시작하여 1990년경 13명으로 증원됨)

1990년, 협업농장 방식으로 개척농장, 성지농장, 대은농장 등 3개의 농장을 운영하게 되었다. 농장 현장 관리는 심이보 대표가 맡았으며, 도드람 유통사업부 대표였던 이범호 대표는 유통사업 전반을, 진길부는 계열화사업 전반을 담당하며 초기 협업농장의 길을 열어갔다.

1991년의 개척협업농장 월 1회 총괄 발표회에서는 심이보 대표 외에 진길부, 이범호 대표가 참석하여 보고를 듣고 의견을 제시하는 형식으로 진행되었다. 농장 관리는 심이보 대표 총괄하에 홍승구 직원 외 다수가 참여하면서 점차 확대되었으며, 안타깝게도 심이보 대표가 1994년 지병으로 세상을 뜨자, 1994년부터는 농장 현장 관리 업무를 진길부가 총괄하게 되었다.

   2000년에는 김태균(현 울안농장 대표) 이사가 영입되어 개척협업농장 직원 관리 등 세부 업무 분장이 이루어지게 되었다.

   1990년부터 개척협업농장은 농장 보유 마릿수를 평가하여 개척 1 농장, 개척 2 농장, 개척 3 농장(50:17:33) 비율을 적용하여 사업을 진행하였다. 50:33:17 방식은 돼지 모돈 마릿수를 기준으로 출하돈에 대한 매출액도 이 비율로 나누고, 나머지 수익과 비용 처리도 이 비율로 적용하는 방식이었다.

   협업 시 많은 실패 사례가 있었지만, 진길부와 심이보, 이범호 3인의 개척협업농장 농장주는 협업 방식을 꾸준히 높여 나갔다. 이러한 개척협업농장 경영 방식은 당시 최고의 생산 성적을 기록하기도 했다. 1995년도 도드람 전산 성적에서 최고 기록이었던 PSY 25.0두를 달성하는 등 여러 성과를 내었고, 2008년까지 운영이 지속되었다.

'개척협업농장'을 만들다
(협업을 통한 효율화, 분업화 실천)

진길부는 양돈장을 경영하면서 자연스럽게 선진 양돈 기술 도입에 관심을 기울이게 되었고, 농장 경영을 협업 경영과 전문 분야로 분업하는 새로운 시도를 하게 되었다.

1990년, 경기도 이천 지역에서 양돈장을 경영하던 세 사람(진길부, 심이보, 이범호)은 각자의 양돈장 소유권을 유지하면서 통합 경영체제로 전환하는 협업 경영체제를 만들게 되었다. 이로 인해 각각의 경영 방식을 협력하고, 전문 분야로 분업하며 양돈산업의 새로운 장을 열었다.

구 분	소 재 지	사 육 두 수		
		모돈	자돈	비육돈
제1농장	이천시 신둔면 도암리 산 2 농장주 진길부	240두	900두	전량 위탁 사육 2,000 여 두
제2농장	이천시 신둔면 도암리 산 37 농장주 심이보	80두	300두	
제3농장	이천시 모가면 서경리 성지 농장주 이범호	130두	600두	

농장의 이름을 개척협업농장 1호, 2호, 3호로 명명하고, 각자의 농장 토지와 건물 및 시설 소유권은 유지한 채 경영만 통합하는 새로운 협업농장 방식이 도입되었다.

협업농장 대표 중 한 사람은 세 농장의 종업원들을 통합 관리하여 돼지 생산에 집중하고, 다른 한 사람은 농장 경영 및 외부적인 관리를 맡으며, 나머지 한 사람은 생산된 돼지를 돼지고기로 가공해 파는 유통 일에만 전념하였다. 이를 통해 농장 규모를 키우고 사료회사 또는 출하업체와의 교섭력 강화 등 경쟁력을 확보하며, 각자의 전문성을 발휘하도록 분업화/협업화 하는 운영권 협업 방식이 실현되었다.

농장 직원들도 개척협업농장 1, 2, 3호를 구분 없이 돌아가며 직책을 맡고, 양돈 관련 교육 모임에도 주도적으로 참여하는 체계를 가지고 있었다. 더 나아가 진길부는 농장 직원들에게도 협업농장 지분을 일부라도 가지게 하여 주인의식도 고취시키고, 농장 경영에도 참여할 기회를 주었다.

1990년부터 개척협업농장 1호(개척농장, 대표 진길부), 2호(대은농장, 대표 심이보), 3호(성지농장, 대표 이범호)를 운영하기 시작하여 위탁사육농장 10개 분장을 운영했다.

1997년에는 협업농장 4호로 대호농장과 주영농장을 추진하였으나 보류되었고, 1998년에 개척협업농장 제5호 보은농장(대표 박호은, 축산과 71학번, 농사단)이 설립되었다. 이 농장은 2000년에 완공되었으며, 당시 농장 현장 직원들이 농장 소유권의 50%를 보유하는 경영 방식으로 운영되었다.

2003년에는 울안농장(대표 김태균)이 설립되었고, 2003년에 협동농장 방식으로 대지영농조합이 설립되었다. 2004년에는 같은 방식으로 경기도 여주군에 오금영농조합법인이 설립되는 등 다양한 형태의 협업농장으로 발전하게 되었다.

개척협업농장의 구체적인 협업 내용으로는 사료 공동 구매, 동물용 의약품 등 양돈 자재 공동 구매, 공동 분뇨처리, 균일한 자돈 공급을 통한 비육농장 공동 운영, 양돈 사양 관리의 선진화 및 전산 기록화를 통한 생산성 향상, 그리고 비육돈 공동 출하가 가장 중요한 협업 내용이다.

진길부가 협동농장 방식으로 추구했던 협업 내용을 구체적으로 살펴보면 다음과 같다.

가) **공동 구매** – 사료, 후보 돈, 종돈, 정액, 동물용 의약품, 기타 양돈용 기자재를 공동 구매함으로써 상대적으로 저렴한 가격에 구입
나) **균일한 자돈 생산** – 모돈 및 자돈 사양 관리 일원화로 균일한 자돈을 생산하고 공동 운영하는 위탁장 비육사에 올인, 올 아웃 방식으로 입식하여 질병 최소화 및 생산성 향상을 추진
다) **사양 기술 교육** – 우수한 사양 기술의 보급 및 안정적인 직원 유지, 교육으로 양돈 현장 기술 접목과 관리 효율화로 생산성 향상
라) **기록의 전산화** – 농장 기록 전산화로 사양 관리에 필요한 자료 및 경영

분석을 신속하게 제공받도록 체계를 만들어 관리 효율화

마) 정보체계 다원화 – 전문 간행물 10여 종, 컴퓨터 통신망, FAX 등을 통해 신규 사양 기술 및 전국 전염성 질병 현황을 파악하여 양돈 질병 예방, 가격 및 유통 정보 신속 파악

바) 분만사, 자돈사, 비육사 올인/올아웃(ALL In/ALL out) 시스템 적용

① 청정돈 생산의 기초 – 위생 관리 효율화

② 사료 요구율 감소, 일당 증체량 증가

③ 당시 대일본 수출 가능한 규격돈 생산

④ 공동 운영하는 비육 돈사 회전율, 위생도 높임

사) 개척협업농장 단위의 경영 단순화

① 농가별 고급 노동력을 효율적으로 배치하여 경쟁력 확보

② 비육돈 분장의 안정된 소득 보장으로 위탁장 확보 운영

아) 개척협업농장 비육돈 공동 출하

① 공동 출하, 판매의 일원화로 보다 높은 가격 추구

② 올인, 올 아웃 출하 방식 적용 – 질병 피해 최소화

이러한 체계를 도입하여 시행한 결과, 생산성 향상과 더불어 여러 가지 성과를 거두면서 개척협업농장은 당시 타 농장에 비해 다음과 같은 효과적인 농장 운영을 달성했다.

가) 단순 노동력으로 분업화를 통한 소득 향상에 기여

나) 고도의 기술과 정보망 확보 및 영세성 탈피로 국제 경쟁력 확보

다) 대외 교섭력 (판매, 구매) 향상으로 이윤 극대화

라) 보호받는 농가에서 육성되는 수출산업 농가로 전환

마) 상부상조하는 협업 농가로 복지 농촌의 모델 역할

바) 농업구조 조정 정책의 바람직한 모범 사례를 제시함으로써 이상적인 농촌 실현 가능 모델 농장으로서의 역할을 담당할 수 있었다.

진길부가 개척농사단 45주년 기념 책자에서 본인이 운영하는 개척협업농장과 관련하여 언급한 운영 방침은 다음과 같다.

가) 개척협업농장이 국제 경쟁력을 가질 수 있는 모범 협업농장이 되도록 노력하겠다.

나) 협업 농가 확보에 더 노력하겠다.

다) 계열화 사업에 적극 참여하여 돼지고기 유통구조의 단순화로 소비자로부터 신뢰받는 농가로 정착시키겠다.

라) 고부가가치의 고급육 판매를 통한 안정적인 판매망과 소득 증대에 힘을 쏟겠다.

마) 농업의 자문역할 및 선도적인 농가로서 자리매김하겠다.

바) 후배 양성 및 동반자 교육도 병행하겠다.

이러한 개척협업농장 운영 방침을 가지고 협업 농장주와 농장 직원들이 합심하여 노력한 결과, 개척농장은 당시 양돈산업계에서 여러 가지 신화를 만들었고 양돈 생산 성적 관련 수상도 많이

받게 되었다.

1) 개척협업농장 수상경력

- 1996년 : 도드람 최초(국내 최초) 모돈당 이유자돈지수 PSY[7] 25두 달성, 도드람 전산기록 1996년도 우수농장상 수상, 데이터피그 성적으로 PSY 25두 한국 최초 달성
- 1997년 이후 : 개척협업농장 3개소 모두 PSY 25두 달성
- 2000년 : 도드람 전산 성적 우수농장상 수상
- 2001년 : 도드람 조합 양돈 생산 부문 최우수상 수상
- 2003년 : 도드람 조합 경영기록 우수농장 표창
- 2004년 : 양돈농가로서 HACCP 국제 인증 획득

2) 개척협업농장의 성공과 해산

각자 양돈장을 경영하던 개척농장 진길부, 성지농장 이범호, 대은농장 심이보가 양돈 농민의 권익 향상을 위해 뜻을 모아, 1990년도에 3농장을 통합 경영하기로 합의했다. 심이보 대표는 농장 경영을, 이범호는 돼지 유통을, 진길부는 농민 조직 운동을 맡기로 하였다. 이에 따라 진길부는 가칭 이천양돈조합을 경영하고, 이범호 대표는 도드람유통을 경영하며, 심이보 대표는 개척협업농

---

[7] PSY : Piglet per Sow per Year - 상시모돈당 연간 이유자돈지수로, 1990년대 중반 이후 양돈장 생산성 지표로 사용되고 있다. PSY 25는 상시모돈당 연간 이유자돈 숫자가 25두라는 뜻으로, 1995년 당시 한국 최고 수준의 양돈장을 뜻하는 지표였다. 2020년대 한국에서는 PSY 30두를 돌파한 농장이 나왔다.

장(3농장 통합)을 경영하게 되었다.

그러던 중, 도드람양돈협동조합의 설립이 가시화될 때 심이보 대표가 폐암으로 유명을 달리하게 되어, 진길부가 협업농장 경영까지 맡게 되었다. 개척협업농장의 통합경영으로 인해 3농장의 합계 사육두수는 3,500두에서 4년 만에 두 배인 7,000두로 성장하였고, 자산도 두 배로 성장하는 성과를 이루었다.

개척협업농장의 통합경영은 모든 고정자산 투자를 보유 모돈 두수로 두고, 유동자산을 그 비율대로 보유 관리를 하되, 모든 유동자산의 구매와 판매를 통합 관리하고, 인력 관리를 통합 관리하여 필요한 농장에 배치하고 지원함으로써, 1개 농장처럼 효율적인 관리를 하여 경쟁력을 갖출 수가 있었다.

개척협업농장이 성공할 수 있었던 요인은 상호 신뢰를 바탕으로 농장주들이 농장 경영에는 관여하지 않고, 농장 경영자인 진길부가 총괄 경영을 맡고, 농장 사양 관리는 농장 직원들에게 맡기는 형태로 운영된 점이다. 매월 한 번씩 결산 보고만 받는 방식으로 경영이 이루어졌다.

1980~90년대에는 양돈장 직원들이 새벽에 나가서 해가 질 때까지 일하고, 퇴근 후에도 비상사태에 대비해 양돈장 안 숙소에 머물러야 하는 것이 일반적이었다.

그러나 개척협업농장의 진길부는 농장 직원들의 복지를 중요하게 생각하여, 직원 숙소를 농장 구역 외곽에 단열이 잘 된 벽돌집 형태로 지어주고, 여름철에는 에어컨이 돌아가도록 배려하였다.

진길부는 개척협업농장 직원들에게 출퇴근 시간을 일반 노동자와 같게 하여 하루 8시간 근무하도록 배려하고, 본인이 원한다면 시내에 숙소를 얻어 숙박할 수 있도록 하였다. 직원들에게 사장이 일일이 지시하지 않고, 농장장에게 작업지시권을 위임하여 조직적 관리를 하였다. 또한, 농장 전산 성적 기록을 기반으로 한 달에 한 번씩 농장별 평가 회의를 통해 평가하고, 좋은 성적을 올린 직원들에게 인센티브를 지급하였다.

진길부는 직원들을 채용할 때 기본적인 채용 관련 이야기를 넘어서, 그 직원에게 자부심을 심어주는 역할을 하였으며, 스스로 일하는 풍토를 만들어 나갔다. 그는 개척협업농장 직원들의 복지에도 많은 신경을 써서, 점심시간에는 서로 어울려 족구 경기를 즐기는 즐거운 직장 분위기를 만들었다. 개척협업농장 직장 생활을 통해 양돈장 경영에 흥미를 가진 직원들은 자립하여 양돈장을 경영하고, 나아가 도드람양돈농협의 조합원, 대의원, 이사로 성장한 직원들도 여러 명 배출되었다.

그렇게 개척협업농장은 계속 발전하여 그 사육 규모가 만여 두를 넘어섰다. 2005년경, 성지농장의 사장 이범호가 경영하던 도드람조합의 유통사업 부문인 주식회사 도드람푸드(도드람유통)의 경영권을 도드람조합과 상의 없이 도드람조합의 사료 부문을 맡았던 ㈜도드람사료에 넘기는 일이 발생하였다. 당시 ㈜도드람사료는 도드람조합과 무관한 ㈜이지바이오그룹이 경영하고 있었다.

이로 인해 생돈의 판매처를 잃은 도드람조합은 조합원들의 생돈을 판매하기 위해 비상 대책으로 새로운 생돈 판매처를 찾느라 부실한 육가공업체에 생돈을 팔게 되었고, 부실채권이 발생하는 사고를 겪게 되었다. 이에 도드람조합장 진길부는 여러 대안을 모색하다가 ㈜이지바이오 회장과 직접 거래를 통해 ㈜도드람푸드의 경영권을 되찾아 오게 되었다.

당연히 도드람조합과 상의 없이 회사 경영권을 넘겼던 이범호는 대표이사직을 잃게 되고, 협업농장 계약도 파기되었다. 따라서 17년간 지속된 3개 농장 중심의 개척협업농장의 통합경영도 해산하게 되었다.

3) 종업원지주제로 성공한 오금영농조합 농장

진길부는 농장 종업원들과 녹색부농, 도드람조합 직원들이 주주로 참여하는 양돈장을 만들기 위해, 1997년경 경기도 여주시 북내면 오금리에서 매물로 나온 양돈장을 인수하였다. 주변에서 소규모 양돈장을 경영하던 박정남 대표와 협력하여, 기존 개척협업농장의 종업원(돼지관리인, 분뇨차 운전원, 생돈차 운전원, 사무직원)들과 도드람조합 직원들을 주주로 하고, 진길부 부부가 출자하여 오금영농조합을 설립하였다. 개척협업농장에서 경험한 책임경영 체제를 도입하여, 위생적이고 조직적인 경영을 통해 성공 사례를 만들었다.

개척협업농장과는 업무적으로 수평적 협력을 통해 비육돈 사육

단계의 관리를 통합하여 비용을 절감하고 상호 보완적인 관계를 유지하면서 급성장할 수 있었다. 이렇게 하여 20년 만에 개척협업농장과 비슷한 규모로 성장하게 되었다.

오금영농조합은 신규로 돈사를 건설하면서, 개척협업농장이 오래된 돈사를 고쳐 쓰는 데 어려움을 겪었던 농장의 위생적인 면을 잘 설계하고 운영하여, 양돈장의 고질적인 질병인 PRRS(돼지생식기호흡기증후군) 없는 농장을 만들어 보다 좋은 성적을 내고 수익성이 우수한 농장으로 자리 잡았다. 이는 종업원지주제로 성공한 사례이다.

| 오금영농조합 연혁

- 2004년 : 진길부가 협동농장 방식으로 오금영농조합 설립
- 2008년 : 모돈 500두로 증식
- 2010년 : 모돈 700두로 증식, 시설 확대
- 2011년 : 대한민국 전국적인 구제역 파동으로 전두수 살처분
- 2011년 : 후보돈 700두 입식 및 증식
- 2016년 : 모돈 1,000두 규모화 달성, 시설 확대, 종업원지주제 운영
- 2017년 : 진길부 소천으로 오금영농조합 경영권 이전
- 2025년 : 오금영농조합 경영권 분쟁 최종 판결로 종업원지주제 유지

4) 개척협업농장의 확대와 해체

경기도 이천·여주 지역의 주영농장, 대호농장 등에서 1990년대

후반에 농장주들이 개척협업농장 방식에 참여하려는 여러 제안과 요청이 있었으나, 실사 단계 및 최종 단계에서 결국 성사되지 않았다. 농장 실사 때부터 운영을 개척협업농장의 농장 책임자에게 맡겨야 하는데, 실제적으로 기존 농장주들이 경영권을 맡기지 못함에 따라 합치는 방법에 대한 이견이 발생해 결국 성사되지 못했다.

예를 들어, 협업농장 후보 농장에 자돈이 입식되었으나 자돈 폐사 시 피해 비율 등에 대한 개척협업농장에 가입하려던 농장주들의 이견이 존재하여, 최종적인 이해관계가 맞지 않아 협업농장으로의 합병이 불발되었다고 볼 수 있다.

도드람 사료와 도드람 유통 사업을 정리하는 시기에는 도드람 양돈사업회 합의 체계의 분열로 인해 일부 농장주들이 탈퇴하게 되었다. 그로 인해 농장 운영이 재배치되고 독자적인 농장주 관리체계에 들어가면서, 2008년에는 개척협업농장의 3개 농장 체계도 각자도생의 길을 가게 되었다.

본격적인
양돈산업에 뛰어들다

진길부는 혼자서 해결하기 어려운 양돈 농민들의 애로사항을 여러 사람과 힘을 합쳐 해결하려 하였다.

이때 대학 재학 시절 개척농사단, 서둔야학 활동과 농어민후계자연합회 활동 경험을 살려, 농민들과 함께 토론하며 애로사항을 공감하고 실제적인 대안을 찾는 노력을 기울였다. 또한 제도적 장애물을 해결하기 위한 노력도 병행했다. 때로는 양돈 농민들의 애로사항과 어려움을 풀기 위해 지방자치제 관공서에 힘을 모아 청원운동을 벌이기도 했으며, 양논 농민의 권리를 찾기 위한 조직화에도 힘을 쏟았다.

1987년에는 경기도 이천군, 여주군 지역에서 양돈장을 운영하는 5~6명의 양돈농가와 함께 '무명회' 모임을 만들며 활동하기 시작하였다. 1990년에는 '이천양돈조합'을, 1991년에는 '도드람', '도드람양돈사업회'를, 1996년에는 '도드람양돈협동조합', '농사문화재단', '도드람양돈연수원'을 설립하였다. 1998년에는 '돼지콜레라박멸비상대책본부'를, 1999년에는 '도드람조합주문자생산사료 조직'을 만들었고, 2003년에는 통합 '도드람양돈농협'을, 2008년에는 '제주돈육수출센터', '녹색부농' 등 많은 조직들을 만들었다.

이천양돈조합 창립 기념 등반

1987년 모임 이름은 '무명회'로 하고, 이범호 영업부장(당시 무지개 사료회사 영업부장)이 실무를 맡고 진길부 대표가 무명회 대표 자격으로 양돈 관련 활동을 진행하게 된다. 6명의 양돈농가 명단은 다음과 같다.

[윤희진, 진길부, 권순영, 김세현, 이명우, 김동식 + 이범호 총무]

무명회 모임은 당시 용인자연농원 양돈부 소장 출신의 윤희진 상무를 중심으로 운영되었으며, '양돈은 기업화, 규모화해야 살아남을 수 있다'라는 생각을 바탕으로 일본의 선진농장을 견학하고 종돈 생산 단계에서부터 일반 비육농장을 포함한 소비 단계까지 하나의 계열화를 이루어야 한다는 생각을 공유하였다.

즉, 양돈산업의 계열화를 통해 양돈농가가 조직화를 이루어 종돈, 사료, 사양 관리, 출하를 통일하고 위생적인 돼지고기를 생산, 유통하면 경쟁력 있는 양돈업을 할 수 있을 것이라 생각한 것이다.

무명회 조직 활동을 하면서 진길부 대표가 강조한 것은 우리나라 건국 이념인 '홍익인간 이화세계' 정신을 농업 분야, 특히 양돈 분야에서 실행하자는 것이었다.

무명회 활동이 3~4년간 진행되면서 이름 없는 작은 모임보다는 양돈조합 등 법인화를 통해 더욱 견고한 조직을 만드는 것이 바람직하다는 의견이 무명회 회원들 사이에서 형성되었다. 이러한 공감 속에서 노력이 이어졌고, 뜻이 맞는 회원들이 더 영입되었다.

마침내 무명회 회원 외에 7명을 합하여 총 13인(진길부, 윤희진, 이범호, 김건효, 정종극, 정칭영, 권순녕, 이명우, 김동식, 전병찬, 김현민, 박종호, 김세현)으로 모임이 확대되고, 이 13인이 발기인으로 참여하여 1990년 10월에 이천양돈조합을 창립(발기인 총회)하게 된다.

하지만 당시 양돈조합 인허가권을 가지고 있던 농림축산식품부에서는 1개도 1개 양돈조합 원칙을 내세우면서 양돈조합 허가를 내주지 않아 정식 조합으로 법인화되지 못하였다. 1990년 당시 농림축산식품부의 방침에 따르면, 1개도 1개 양돈조합 원칙에 따라 이천양돈조합을 별도로 허용할 경우, 이미 허가를 받아 활동

중이던 서울경기양돈조합과의 마찰이 우려되었다. 이에 따라 진길부 등이 신청한 이천양돈조합 허가는 차일피일 미뤄지고 보류된 것이다.

이러한 상황 속에서 무명회 회원들은 13명으로 구성된 후, 양돈 계열화 사업을 활성화하기 위해 회의 명칭을 경기도 이천시 소재 도드람산(한자 猪鳴山, 해발 394m)을 따서 '도드람'으로 정하고, 양돈 계열화 사업단위의 모임체 이름도 '도드람양돈사업회'로 하기로 의견을 모았다. 그리하여 계열화 사업체인 도드람양돈사업회를 정식으로 1990년에 구성하게 된다.

당시 도드람양돈사업회 총괄회장에는 윤희진 대월종돈 대표, 도드람 계열사업부 대표에는 진길부 개척농장 대표, 도드람 유통사업부 대표에는 이범호 성지농장 대표가 선임되어 활동을 시작하게 된다.

2년 후인 1992년에는 별도로 사료공장을 추진하던 서일산업의 김대성 대표가 '도드람 계열사업' 취지에 공감하여 사료사업부 대표로 참여하게 되면서, 4인 대표들의 연합체제 아래 도드람양돈사업회를 확대 운영하게 된다. 도드람양돈사업회는 김대성 대표와 도드람양돈조합이 갈라지는 1999년 말까지 유지된다.

농민 주도의 '도드람',
'도드람양돈조합'을 만들다

1) '도드람' 모임의 탄생

무명회 모임에서 시작된 경기도 이천, 여주 지역 양돈인들의 모임은 점차 확대되어 이천양돈조합 형태로 추진되면서, 모임 이름을 새롭게 지어야 한다는 의견이 제기되었다. 여러 회원의 논의를 거쳐 1990년 10월, 모임 명칭이 '도드람'으로 결정되었다.

진길부를 비롯한 13명의 회원들은 십시일반으로 자금을 모아 자본금 5,000만 원을 마련하고, 주식회사 '도드람'으로 등기하여 1990년 10월 최초의 ㈜도드람을 설립하게 되었다. 이 주식회사 도드람이 현재의 도드람양돈조합(통합 후 도드람양돈농협)의 모태가 되었으며, 이때가 창립 연도이자 창립 기념일이 되었다. 이 과정에서도 진길부 대표의 역할은 핵심적이었다.

2) 양돈장에 전산관리를 도입하다

진길부는 양돈장 전산기록 관리의 필요성을 깨닫고, 양돈 컨설턴트 안기홍, 김홍표 등과 함께 1992년부터 노력하여 1993년 1월,

도드람산은 경기도 이천시 마장면 목리에 위치한 산으로, 한자어로 '猪鳴山'(저명산)이라고도 불린다. 도드람산은 '톳(돼지 저) 울음(울 명) 산'이 세월이 지나면서 변형된 것으로 보이며, 전해지는 전설에 따르면 옛날에 이 산에서 효자가 약초를 캐던 중 절벽 위에 몸을 묶은 밧줄이 바위 모서리와의 마찰로 끊어졌고, 그 순간 산돼지가 울어 효자가 밧줄이 끊어지기 전에 절벽을 올라와 목숨을 건졌다고 한다. 도드람산은 해발 394m로 그리 높지는 않으나, 봉우리를 이루는 기암괴석이 절묘한 경관을 만들어 외부 등산객들이 많이 찾는 경기도 이천의 명산으로 유명하다. 진길부 대표도 도드람산을 자주 등산하는 도드람산 애호가였으며, 1996년 제1회 도드람조합 창립 기념 등반대회도 이 도드람산에서 개최되었다.

양돈장 최초의 전산 기록 프로그램인 '데이터피그'를 출시하였다. 이 프로그램은 개척협업농장부터 사용되기 시작한다.

데이터피그 전산프로그램은 4년 뒤, 국제 기준에 부합하는 로직을 적용한 '도드람플랜 전산프로그램'으로 발전하게 된다.

일반 농가에서는 '피그플랜 전산프로그램'으로 알려진 도드람양돈 전산프로그램은 진길부 조합장과 안기홍, 김준영을 비롯한 도드람양돈조합 직원들, 그리고 당시 서울대 농대 교수였던 최영찬 교수팀이 협력하여 만든 양돈용 전산관리 프로그램이었다.

'도드람, 피그플랜 전산프로그램'은 1997년 하반기 최영찬 교수팀에 의해 도드람 조합 농가부터 보급되었고, 이후 전국적으로 보급을 확장하여 2005년에는 도드람양돈조합 130여 농가, 부경양돈조합 130여 농가, 우성사료 회원 농가 등 전국 1,500여 개 양돈농장에서 사용되는 한국에서 가장 점유율이 높은 전산프로그램이 되었다.

전산관리 프로그램과 함께 양돈상에는 수간관리 체계가 도입되어, 한국 양돈산업의 비약적인 발전을 이끄는 계기가 되었다.

3) 진길부 대표가 도드람수요양돈교실을 개설하다

1993년부터 1995년까지 도드람 사무실(당시 도드람양돈사업회 명의의 사무실, 주소 : 이천시 중리동, 이천시 공설운동장 뒤편) 지하에 위치한 60여 명이 앉을 수 있는 회의실에서 매주 수요일 오후 '수요양돈교

도드람 세미나(1995)

실'을 열어, 양돈농가들이 자유롭게 참여하는 양돈 관련 교육이 정기적으로 진행되었다.

도드람수요양돈교실의 강사로는 진길부 대표를 비롯해 심이보 대표, 윤희진 대표 등 양돈장 현장 대표들, 미국 미네소타 대학 수의과대학의 주한수 교수, 강원대학교 수의과대학의 한정희 교수 등과 함께 안기홍, 정현규, 최광순, 김준영, 이후창, 박장원, 최종영, 이임섭, 김현주, 최우락 등의 직원들이 참여하여 매주 강의를 진행하였다.

도드람수요양돈교실의 교육 모임에는 경기도 이천, 여주, 안성 지역의 양돈농가뿐만 아니라 경상도 경주, 충남 논산, 홍성, 전북의 정읍 지역 양돈농가들도 찾아와 함께 듣고 토론하는 전국적인 양돈인 교육 모임으로 발전하였다. 이러한 수요양돈교실 등을 포함한 양돈인 교육의 성과로, 1996년 우리나라 최초의 양돈장 종합 매뉴얼인 '도드람양돈매뉴얼'이 탄생하여 출간되었다.

이 매뉴얼 출간을 계기로 각각의 양돈조합, 규모 있는 각각의 농장, 대부분의 사료회사 등에서 유사한 양돈 매뉴얼이 쏟아져 나오게 된다.

강원대학교 수의과대학 한정희 교수팀에서는 수요양돈교실의 내용을 일부 보강하여, 강원대학교에서 '도야지 양돈교실'을 매년 정기적으로 개최하기도 하였다.

4) 도드람양돈조합으로 깃발을 들다

이런 활동을 보다 적극적으로 하기 위하여 진길부 대표는 양돈 농민들이 주도하는 협동조합을 구상하고 실제로 만들게 된다. 당시 대부분의 농협이나 축협조직들은 정부의 필요에 의해 조직되어, 지자체 행정구역을 활동구역으로 제한하고, 정부 정책을 시행하는 대가로 정부의 지원을 받아서 운영하는 하향식 경영 방식을 따랐다. 그러나 도드람양돈사업회 사람들은 조합원들이 정부의 지원과 간섭을 받지 않는 독자적인 경영을 하는 협동조합을 만들고자 하였다. 하지만 처음부터 협동조합을 설립하기에는 양돈협동조합은 1도 1조합이라는 법률적 제약이 있어 설립되지 않았다.

이러한 상황에서 진길부 대표를 중심으로 정부에 건의하여 지자체 1도 1양돈조합 원칙을 변경하는 데 성공하였다. 그 결과, 1995년 관련법이 개정되었고, 진길부 대표를 포함한 도드람양돈사업회 회원들은 마침내 협동조합 설립을 본격적으로 추진할 수 있게 되었다. 처음에는 주식회사 '도드람'으로 출범하여 3년여 각고의 노력 끝에 1996년 도드람양돈조합(2003년 전남·전북조합 통합 이후 도드람양돈농협으로 명칭 변경)을 설립하게 된 것이다. 설립 초기에는 주식회사 방식으로 계열화 조직을 전환하자는 의견도 있었으나, 진길부 대표는 농민 주도의 협동조합 방식을 지지하며 참여 농가들과 수많은 토론과 모임을 거쳐 의견을 결집해 내, 마침내 도드람양돈조합을 설립하게 된다.

새로 설립된 도드람양돈조합의 초대 조합장으로 취임한 진길부 조합장은 13여 년 동안 도드람양돈농협의 수장을 맡으며, 13명의 회원으로 시작한 도드람 모임을 전국 최대 규모의 양돈농가 조직으로 성장시키는 데 핵심적인 역할을 했다. 그의 리더십 아래 도드람양돈조합은 도드람 도축장을 비롯한 13개의 자회사를 보유한 대규모 양돈농협 집단으로 발전했다.

2023년 기준, 도드람양돈농협은 연간 매출액 4.3조 원을 넘어섰으며, 상시 직원 790여 명이 근무하는 조직으로 성장했다. 진길부 조합장의 13년간의 활동은 양돈업계와 축산업계를 넘어 한국 농업계 전반에 커다란 족적을 남겼다.

태백산 선언문을 결의하고 있는 도드람양돈농협 임직원들

(주)도드람 설립 (1990)

도드람 등심돈까스 시식회(1995)

도드람양돈축산업협동조합 창립총회(1996)

태백산 선언문을 결의하고 있는 도드람양돈농협 임직원들

(주)도드람 설립 (1990)

도드람 등심돈까스 시식회(1995)

도드람양돈축산업협동조합 창립총회(1996)

일본후생성 검사 면제업체지정(1994)

국내 최초 지육 일본 수출 기념 촬영(1995)

도드람 마을 준공(1998)

옛 바른터 (도드람 유통) 전경

'도드람양돈조합'을 최고의 양돈농협으로 성장시키다

진길부 조합장은 1996년 도드람양돈조합 설립 단계에서부터 혼신의 힘을 기울여 조직을 확장하며 양돈농민들의 경영 환경을 개선하기 위한 여건을 조성하고, 조합 직원들의 전문성을 향상시켜 조합원들에게 보다 알찬 서비스를 제공하는 조합으로 만들어 갔다.

도드람은 진길부를 중심으로 하여 경기도 이천, 여주 지역의

13개 양돈농가가 모여 시작되었다. 양돈사육업 생산원가의 60%를 차지하는 사료 원가 절감을 위해 사료 공동 구매에 나섰고, 원가 절감으로 생긴 이윤으로 양돈 사양 관리 지도를 위한 지도사 운영, 양돈 컨설턴트 육성, 양돈 생산의 전산화 시스템을 업계 최초로 도입하였다.

1993년에는 국내 최초의 브랜드 육인 '도드람포크(현 도드람한돈)'를 출시했으며, 2000년대부터 조합원 농장에서 생산되는 돼지의 종돈, 사료, 사양 관리를 통일해 고품질 규격돈 생산시스템을 구축하였다. 2025년 현재, 도드람양돈조합은 종돈, 사료, 양돈 컨설팅, 도축, 가공, 유통, 판매, 문화/외식 분야를 아우를 뿐만 아니라, 금융지원과 국내 스포츠 후원까지 포함한 양돈농가를 위한 '원스톱(One-Stop) 종합지원 체계'를 완벽히 구축하며 대한민국 최고의 양돈협동조합으로 자리매김했다.

1993년 ㈜도드람유통을 설립하여 초창기에는 경기도 도축장에서 더부살이로 시작한 유통사업은 현재 일일 도축 두수가 5,000두를 넘으며, 최신 시설을 갖춘 도드람 김제 도축장과 도드람 LPC 등 도드람 유통 체인을 보유하고 있다.

진길부 조합장은 2002~2003년에는 전북 양돈조합과 광주전남 양돈조합을 합병하여 전국적인 조합으로 재탄생하는 데에 결정적인 역할을 하였다.

이렇게 합병된 도드람양돈조합은 조합 명칭도 도드람양돈농협으로 변경하고, 자회사를 여러 개 설립하면서 해마다 성장을 거듭

하여 국내 최고의 양돈농협으로 거듭나게 된다. 2024년 12월 현재, 도드람양돈농협은 전국적으로 활동하며 양돈농협 중에서 가장 큰 사업 규모를 자랑하며 연간 매출액이 4조 3천억 원에 달한다. 또한 양돈 사료 시장 점유율과 시장 가격을 주도하고 있으며, 도드람한돈으로 대표되는 브랜드 돈육시장을 선도하고 있다. 도드람 김제 도축장과 도드람 LPC 운영을 통해 일일 평균 5,000두, 연간 10만 두의 돼지 도축 두수를 기록하고 있으며, 도드람양돈 동물병원을 중심으로 돼지 질병 진단 서비스 사업에서도 한국 최첨단 시스템을 운영하고 있다.

도드람양돈농협의 '도드람'이라는 브랜드 가치는 농협중앙회(농협은행)가 메인 스폰서로 진행하던 프로배구를 도드람양돈농협이 맡고 있는 것만 보아도 알 수 있다. 최근에는 서울 강남구 도곡동에 본사 빌딩과 사무소를 건립하여, 농업의 미래를 개척하려는 청년들도 찾아오는 미래 지향적 세계적 양돈조합으로 성장하고 있다. 이러한 성장은 초내 소합상 진길부의 헌신적인 노력의 결과라고 해도 과언이 아니다.

〈 도드람양돈농협 2024년 도드람 연혁에서 발췌 〉

· 2024년 1월 : 도드람 양돈농협 조합원 수 527명

· 2024년 1월 : 도드람 양돈농협 임직원 수 796명 (자회사 포함)

· 2023년 : 도드람 양돈농협 조합원 양돈 상시 사육두수 1,651천 두

· 2023년 : 도드람 양돈농협 연간 도축 두수 1,300천 두

· 2023년 : 도드람 양돈농협 연간 매출액 4조 2,500억 원

상업자본 배제로 독립 경영의
도드람양돈농협을 만들다

　초기 도드람양돈조합의 운영에 필요한 자금은 사료 회사에서 지불하는 사료 수수료가 대부분을 차지하였다. 이로 인해 사료를 공급하는 자회사인 ㈜도드람사료가 조합원들에게 영향력을 행사하였고, 때로는 주객전도 현상이 나타나는 등 상업자본의 횡포가 드러나기도 하였다. 이는 ㈜도드람사료의 대표이사가 주요 자본을 상업자본인 한미창투 자금에 의존하였기 때문이다. ㈜도드람사료의 자본 구성은 김대성 대표와 한미창투 자금이 약 70%를 차지하고, 도드람조합원 지분은 20~30% 정도에 불과하였다.

　㈜도드람사료 주식의 구성에 도드람조합원 지분이 30%밖에 안 되는 상태로 시작하여 몇 번의 증자를 통해 오히려 조합원 지분이 감소하였다. 대주주는 대표이사인 김○○이 동원한 한미창투㈜였기 때문에, 조합은 사료 수수료 대금조차 제대로 지급받지 못하는 경우가 발생하였다. 조합 경영의 대부분의 자금줄을 쥐고 있는 ㈜도드람사료의 경영자가 상업자본의 대리인 구실을 함으로써, 조합 경영이 사실상 상업자본의 지배를 받는 구조가 될 수밖에 없었다.

이에 조합장 진길부는 ㈜도드람사료의 영향력에서 도드람양돈 농협의 경영권을 독립시키기 위한 준비에 나선다. 이를 위해 박중희를 도드람조합의 초대 전무로 임명하고, 도드람조합의 경영 독립을 위한 중장기전략 수립을 지시한다.

박중희 전무는 사료 배합률을 검토하고 사료 원가를 분석하여, 사료 가격의 인상과 인하에 조합원들의 의사를 반영하는 경영 참여 방식과 함께 독점적 사료 공급체제를 경쟁체제로 전환하게 된다. 그동안 조합원들이 일반 사료보다 값싸게 쓰고 있다고 생각했던 ㈜도드람사료에 비해 20~30% 더 싼 사료를 도드람조합 OEM(주문자 생산방식 사료)으로 공급받아 사용하게 된 것이다. 결과적으로 생산 성적에 문제가 없자, 여러 조합원들이 조합이 만든 OEM 사료를 사용하게 되었다.

때마침 ㈜도드람사료는 조합원이 아닌 농가에 공급한 사료에 대해 조합에 수수료를 지불하지 않겠다는 통지를 해왔다. 이는 조합원이 아닌 농장에 ㈜도드람사료가 독자적으로 영업활동을 해서 이룬 실적보다, 도드람조합에서 공식적으로 사용하고 그 성적이 공개되면서 대부분의 농가가 이를 선택하게 된 결과였다. 또 ㈜도드람사료가 계획적으로 도드람조합의 세력을 약화시키기 위하여 신규 거래처의 도드람조합 가입을 막고 있었기 때문에 발생한 현상이었다.

비조합원 농가의 사용량도 도드람조합에 수수료를 내야 한다는 조합의 논리를 부정하는 처사여서, 그런 ㈜도드람사료와는 거래 중단을 각오하고 조합이 공급하는 OEM 사료로 바꾸자는 결정을 임시대의원 총회에서 하게 된다. 그 결과, 도드람조합 OEM 사료 출시 단 4개월 만에 월 2만 톤(40만 두 공급 규모)의 사료를 모두 도드람조합이 공급하는 OEM 사료로 바꾸게 된다. (2000년 9월부터 2000년 12월)

진길부는 도드람조합 OEM 사료 공급 정책을 강력하게 추진하여 마침내 도드람조합의 독립 경영체계를 완성하였다. 물론 이 사업에 반대하는 양돈농가도 있었지만, 도드람조합 OEM 사료체계 구축은 양돈농민들이 자발적으로 조합을 만들어 실질적인 경영권을 쟁취한 독립 경영체제라 할 수 있다.

그동안 상업자본은 온갖 방법을 동원하여 조합 경영에 영향력을 미치고, 조합원들을 움직여 조합장 선거나 임원 선거에 개입하며, 조합원들과 별개의 사조직을 만들어 조합과 대립각을 세웠었다. 이후 도드람조합은 상업자본의 지배에서 벗어나 진정으로 조합원들이 독자적으로 조합을 경영하면서 점점 규모를 키우고 경쟁력을 강화하는 토대를 마련하였다.

사료 회사가 상대적으로 비싸게 팔던 사료 시장에서, 농민들이 주도하여 품질이 적절하면서도 값싸게 제조한 사료로 충분히 훌륭한 성적을 낼 수 있다는 것을 보여줌으로써 양돈업계의 인식 전환을 이끌게 된다.

도드람배합사료 월 2만 톤 달성 기념 촬영

진길부 조합장은 도드람양돈농협으로 하여금 매월 책정하는 사료 가격과 배합 비율을 공개함으로써, 일부 사료 회사가 중심이 되어 주도하던 사료 가격 시장을 양돈농민들이 주도하는 시장으로 상황을 바꿔 놓는 역사적인 계기를 마련하게 된다.

도드람조합의 주문자 생산방식(OEM 사료)이 그것이다. 이 사료 공급 방식은 사료 제조 과정, 유통, 공급 과정, 사료 원료 구매 과정까지 모든 사료 제조 비용을 축산업계 전체에 공개함으로써, 사료 제조 원가에 대한 공론의 장을 열었다. 뿐만 아니라, 최종 사료 가격 결정에 양돈농가들이 참여하게 되어 국내 사료 업계에서 혁신적인 발상의 전환을 이끌어 냈다. 이로써 양돈농민들이 사료 가격을 결정하는 중요한 역할을 하게 된 것이다. 물론 기존 대형 사료 회사들의 거센 반발과 제품 품질에 대한 우려도 있었지만, 진길부 조합장의 결단과 강력한 집행력은 양돈산업에 획기적인 변화를 가져왔다.

조합장 임기를 무사히 마친 진길부 전 조합장

양돈농민을 유기질비료 공급자로 바꾸는 노력을 진행하다

 돼지분뇨(똥오줌)를 고액분리하여, 고형분은 건조시킨 뒤 축분비료(가루)로 만든 퇴비는 거름으로 사용되지만, 마르지 않은 액상의 똥오줌은 폐기물로 분류되어 환경부의 특별 관리를 받는 배출물(폐기물)이다. 1990년대 초반에는 축분을 인근 하천으로 무단 배출해 법적 처벌을 받은 양돈농가들이 많이 있었다.

 진길부 조합장은 돼지분뇨를 적절히 처리해 논밭에 뿌리면 비료로서 충분히 기능할 수 있다는 사실을 증명했다. 환경오염의 주범으로 천대받던 양돈농민들을 유기질비료 공급자로 탈바꿈시키고, 분뇨를 버리는 '악한' 역할에서 비료를 공급하는 '선한' 역할로 변화시키는 전환점을 마련한 것이다.

 그는 축분을 적정량 논에 뿌리는 방안을 연구하기 위해 농촌진흥청 전문가들을 설득하였다. 불가능하다고 여겨지던 논에 액상의 돼지분뇨를 뿌려 벼를 재배하는 실험을 진행했고, 그 연구 결과를 환경부에 여러 차례 제출하였다.

 여러 해에 걸쳐 농촌진흥청 박사들과 머리를 싸매고 연구한 결과,

농림부에서는 논에서도 액비(액상비료)를 사용할 수 있는 시범포를 만들게 되었고, 비수기 논밭에 액비를 뿌리는 적정량에 대한 단초를 마련했다. 또, 환경부와의 합동 연구를 통해 논이나 밭의 작물별로 축분 액상비료를 사용하는 지침을 마련하여, 모든 농작물에 축분 액상비료를 사용할 수 있는 길을 마련하는 데 앞장섰다.

진길부 조합장은 축분 액상비료를 정부 차원에서 지원하도록 설득하여, 액비를 저장했다가 살포하는 시설과 비용에 대해 정책적인 지원을 하는 제도를 만드는 데 앞장섰다. 현재는 전국의 많은 양돈농민들이 그 혜택을 누리고 있다.

일례로 골프장 잔디 코스에 가축분뇨를 원료로 한 액비를 뿌리는 시연 사업을 통해 전국 유수의 골프장 잔디 코스에 액비를 사용하는 방안을 실현하기도 했다. 한편으로는 축분을 활용하여 바이오가스를 생성하고, 전기를 만들어 내는 일에도 도전하여 개척 농장 인근 부지에 처리용량 20톤/일 바이오매스 기반의 에너지화 시설을 직접 설치하여 운영함으로써 양돈농가가 재생에너지 생산자가 되는 길을 열게 한 개척자이기도 했다.

진길부는 도드람양돈농협의 조합장을 그만둔 후에도 양돈 관련 일을 계속하고 싶어 했다. 그래서 양돈농민들의 가장 큰 애로사항인 '분뇨처리'를 위한 회사를 운영하게 되었다.

도드람양돈농협의 조합장 시절에도 분뇨처리를 위해 연구개발을 많이 지원하였고, 퇴직 후에도 그 일을 계속하던 도드람양돈농협의 자회사인 ㈜도드람환경연구소를 인수하여, 전문가들을 추가 영입해 분뇨처리 시설을 연구개발하고 그 기술로 양돈장에 분뇨처리 시설을 설치하는 사업을 진행하였다. 당시에는 수익은 나지 않고 냄새나는 일에 돈과 열정을 쏟았던 것이다. 그러면서, 양돈장 돼지의 분뇨를 발효시켜 메탄가스를 만들어 전기를 생산하는 연구에 매진하여, 양돈농가가 친환경 사업에 앞장서는 모습을 보여주었다.

그렇게 연구 개발한 바이오매스-메탄가스 발전시설을 경기도 이천시 신둔면 도암리 소재 녹색부농 실습농장에 직접 설치해 가동하는 사업을 하게 되었다.

일단 분뇨처리 용량 20톤 규모의 바이오가스 생산시설을 설치하여 초기에는 개척농장과 실습농장에서 나오는 분뇨를 활용해 가스를 생산하는 형태로 진행했으나, 가축분뇨만으로는 가스 발생량도 적고 효율이 낮았다. 이에 따라 경기도 이천시의 협조를 받아 이천시의 음식물 잔반 일부를 받아 바이오가스 시설의 효율성을 높이는 등 많은 노력을 하였다.

분뇨를 활용한 바이오가스 생산방식은 유럽에서는 활성화된 체계이지만, 대한민국에서는 오로지 축분을 100% 사용하는 처리 용도로만 제한되는 경우가 많아, 메탄가스 생성이 미미하거나 에너지 생산이 되지 않는 사례가 많이 발생하였다. 또한 폐기물 관련 법률은 환경부 소관으로 되어 있어 지식경제부와 상호 협조가 되지 않는 등 여러 가지 애로사항이 발생하여 축산농가에서는 바

양돈분뇨처리에 관심이 많았던 진길부

이오가스 생산 설비를 불신하였다.

　축분을 활용한 바이오가스 또는 에너지 생산은 진길부의 양돈 인생에서 마지막을 장식한 사업이라 할 수 있다. 진길부는 바이오가스 생산 과정에서 환경부와 지식경제부로부터 일부 연구자금을 유치해 기술개발과 연구를 진행했으며, 그 과정에서 억울하게 옥고를 치르기도 했다.

　그러나 어려운 여건 속에서도 양돈농가의 지속 가능성을 확보하고, 일반인들에게 긍정적인 이미지를 심어주겠다는 그의 신념은 흔들리지 않았다.

　그가 세상을 떠난 이후, '양돈을 통한 남북 농업교류사업'과 '양돈 축분처리 사업을 통한 에너지 생산사업'은 진길부 조합장의 두 가지 유훈 사업이 되었고, 양돈농가와 관련된 지속 가능한 미래를 여는 데 있어 중요한 유산으로 자리 잡았다.

무허가 축사의
양성화에 기여하다

대한민국 건축법에 따르면, 시군구 지방자치단체(시군구 관청)의 허가 없이 집을 짓거나 축사를 지으면 건축법에 위반되며, 경우에 따라 축사를 철거하거나 원상 복구해야 한다.

그러나 현실적으로 시골에서는 사전에 허가를 받지 않고 집이나 축사를 짓는 것이 당연하게 여겨지던 시절이 있었으며, 이로 인해 많은 무허가 축사들이 존재하고 있었다. 이러한 축사들을 하루아침에 건축법 규정대로 처리하여 철거하면, 축산 농가들은 생업을 잃게 된다.

진길부 조합장은 무허가 축사 양성화법을 만들어, 일정 조건을 갖추면 무허가로 지은 축사라도 사후에 인정받는 '추인제도'를 만드는 데 앞장섰다.

특히, 진길부는 사전 허가 없이 축사를 지은 자신의 사례를 직접 지자체에 자진 신고하고 최소한의 벌금을 납부한 뒤 축사를 양성화하는 절차를 시범적으로 실행했다. 이를 통해 그는 전국의 많은 무허가 축사를 보유한 축산농민들에게 조건부이지만 합법적인 양성화의 길을 열어주며, 축산업의 지속 가능성을 확보하는 데 크게 기여했다.

양돈농민 주도의 '돼지 도축시설'과 '유통시장'을 개척하다

1990년대만 해도 양돈농가들은 열악한 환경 속에서 고생하며 돼지를 키웠지만, 중간상인들은 큰 노력 없이 도축장에 돼지를 되팔아 중간마진으로 과도한 이윤을 챙기면서 양돈농가들을 쥐고 흔드는 경우가 많았다. 출하용 돼지가 부족할 때는 온갖 감언이설로 돼지를 가져가면서 저울을 속이는 경우도 있었고, 돼지 출하 공급량이 많으면 돼지 값을 후려치고, 돼지 값을 제때 지급하지 않는 일도 빈번했다. 심지어 돼지 값을 떼먹고 도망가는 사례까지 발생하여, 양돈농가들은 출하 과정에서 크고 작은 어려움을 겪었다.

이러한 문제를 해결하기 위해 진길부 조합장은 양돈농민들의 권리를 되찾는 방법으로 새로운 유통구조를 제안했다. 그는 살아 있는 돼지를 특정 상인에게만 넘기지 않고, 양돈농민들이 직접 출하와 유통을 담당해 소비자에게 직접 공급하는 방식을 도입하였다. 이 방안은 도드람양돈농협을 통해 실현되었고, 이를 통해 양돈농가들은 불공정한 유통구조에서 벗어나 자립할 수 있는 기반을 마련하였다.

그 과정에서 도축장과의 직거래, 축산 유통업자와의 직거래, 그리고 자회사 도드람유통 설립 등 수많은 시행착오를 겪었으며, 때로는 막대한 손실을 입기도 하였다. 그러나 진길부 조합장은 양돈농가 중심의 출하 유통 체계를 굳건히 밀어붙였다. 그 결과, 1996년에는 양돈 조합원 중심의 출하 유통 체계의 기틀을 마련하는 데 성공했다.

1996년 이후에도 다양한 변화를 거치며 발전을 이어간 도드람양돈농협은, 2023년 말 현재 전국에서 가장 많은 돼지를 출하 처리하는 양돈조합으로 성장했다. 특히, 도드람양돈농협의 브랜드인 '도드람포크'는 국내 돈육 브랜드 파워 1위를 차지하며, 돼지고기 시장에서 독보적인 위치를 확보했다. 이로써 다른 육가공업체들도 도드람양돈농협 도축장에서 결정한 가격을 기준으로 양돈농가에 출하 가격을 지불하는 가격체계를 따르게 만들었다.

옛 (주)도드람푸드 전경

농장 종업원이 일하기 편한,
체계적 관리가 되는 양돈장을 만들다

진길부 대표는 양돈농민들 간에 신기술을 도입하고 학습할 수 있는 정기적인 모임인 '도드람 수요 양돈교실'을 조직하여 체계적인 교육을 실시하였다.

당시에는 밤낮과 주말을 구분하지 않고 어미 돼지가 새끼를 분만하는 양돈장을 평일 낮에만 분만하도록 하거나, 일주일 내내 교배와 분만이 이루어지던 것을 일주일 중 목요일에만 교배와 분만이 집중되도록 하는 신기술을 도입하여(주간관리 교배, 분만, 이유체계) 양돈농민들이 보다 효율적이면서도 편하게 돼지를 돌볼 수 있도록 하였다. 즉, 일하는 사람이 보다 편하게 양돈을 하며 여가시간을 가질 수 있도록 만드는 데 앞장섰다.

1990년대 초중반 진길부 대표를 중심으로 개척농장, 도드람양돈사업회 회원 농가, 그리고 도드람 계열사업부 직원들이 힘을 합쳐 양돈장 주간관리 사양관리 체계를 보급하고 확대하게 된다. 이 체계의 확산은 돼지 인공수정센터의 보급과 맞물려 대한민국 양돈산업의 규모 확대와 양돈 생산성 향상에 크게 기여한다.

특히 진길부 대표의 개척농장은 1995년 도드람 전산기록(당시에는 데이터피그) 성적에서 PSY(모돈당 연간 이유자돈지수)가 처음으로 25.0두를 넘게 되어, 전산기록 발표회에서 우수농장으로 발표된 바 있다.

이른바 주간관리 체계를 양돈농가에 보급함으로써 일정한 시간에 양돈장에 출근하고 일정한 시간이 되면 퇴근할 수 있게 되었다.

일부 인원은 농장에서 꼭 숙식을 하지 않아도 되는 정시 출퇴근 시스템을 만들어 농장 인근 도심의 주택 또는 아파트에서 출퇴근하며 양돈을 할 수 있는 출퇴근 양돈장을 만드는 데도 기여했다.

또한, 주먹구구식으로 돼지를 기르던 방식에서 벗어나 개체기록을 통하여 체계적으로 교배, 분만, 이유시키고 자돈 이동, 위탁 사육, 비육돈 출하 등의 과정을 전산기록 프로그램(컴퓨터)으로 분석하여 예측 관리하는 체계를 도입하였다.

그렇게 하여 문제가 될 만한 사고 모돈(암퇘지)을 사전에 색출하고 미리미리 예방조치를 함으로써, 생산성이 우수한 농장으로 만들어 세계적인 경쟁력을 갖추는 데 앞장섰다.

이를 위해 외국에서 시행하는 컴퓨터 전산관리 프로그램을 도드람조합이 개발하도록 하여(피그플랜 또는 도드람플랜) 전국의 많은 양돈농협과 사료회사들이 이런 PigPLAN 전산화관리 프로그램을 도입하게 되는 계기를 만들었다.

진길부 계열사업부 대표가 주도하던 도드람 양돈사업부 초기에는 Data-Pig 프로그램(1993년 개발. 심이보 대표, 김홍표, 안기홍 등이 양돈농가 입장에서 프로그램을 개발함. 도드람양돈사업회 회원들이 함께 만들었음)을 만들어 농가용 전산기록 프로그램(데이터피그)을 구축하고 양돈농가별 지도 업무를 진행하여 1993년 20여 개 양돈농장, 1995년에 100여 개 농장, 1996년까지 180여 개 양돈농장에 보급하게 되어 양돈 전산관리 프로그램의 전형을 만들게 되었다.

양돈 전산관리 프로그램은 도드람 초기 시절 Data-Pig 프로그램에서 미국식 프로그램을 접목한 1997년에 도드람플랜 / PigPlan 등으로 발전하였고, 2024년 현재 4천여 전체 양돈농장이 '한돈팜스'라는 전산기록 프로그램에 참여하는 계기를 만들었다.

이 또한 진길부 조합장의 양돈산업의 경쟁력을 높이려는 강력한 의지가 반영된 것이라고 할 수 있다.

연수원 교육 장면 (진길부)

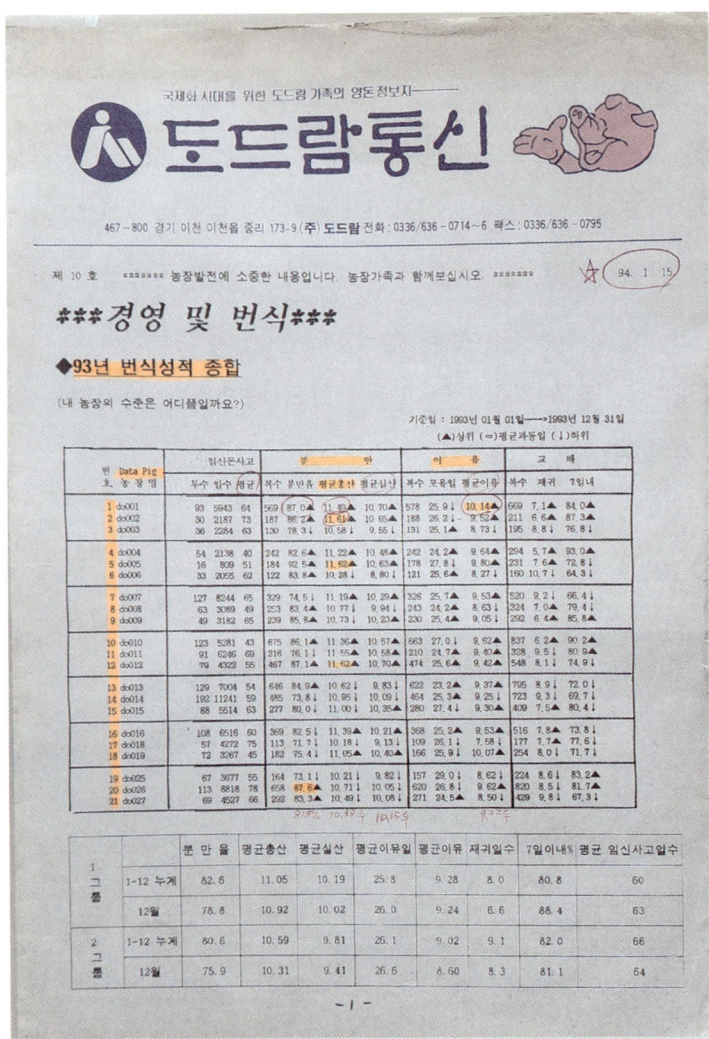

데이터피그 관련 사진(1994)

돼지열병 박멸사업 등
가축질병 방역조직 구성에 앞장서다

1990년대 초중반, 일본에 대규모로 돼지고기를 수출하던 대만은 1996년 돼지에서 발생한 구제역 질병으로 인해 대일본 돈육 수출이 전면 중단되었다. 이 시기 전후로 한국 돈육의 일본 수출이 점차 확대되고, 도드람유통에서도 매주 컨테이너 1대분(약 14톤)의 돼지고기를 일본으로 수출하며 대일본 돈육 수출이 활발히 이루어지고 있었다.

그러나 일본은 1998~1999년까지 자국 내 돼지콜레라 질병을 박멸하겠다는 계획 아래 돼지콜레라 박멸 프로그램을 진행 중이었다.

일본 정부의 계획대로 1998년에 돼지콜레라(돼지열병)가 일본 내에서 박멸된다면, 1999년부터는 한국의 대일본 돈육 수출이 어려워질 수 있었다. 당시 대한민국 농림부 역시 돼지콜레라 박멸 정책을 가지고 있었으나, 실행력이 매우 미흡하여 돼지질병 관련 정책에 혼선이 있었다.

당시 진길부 조합장은 정현규, 김준영 수의사 등 도드람 기술

지원팀의 의견을 반영하여 경기도 남부 지역 돼지콜레라 박멸 계획을 수립한다. 우선 대부분이 도드람 회원들이었던 당시 경기도 이천군, 여주군, 안성군 지역의 양돈농가 실태조사를 수행하고, 결과를 농림축산식품부 방역 정책으로 반영하게 하였다. 정부 차원에서 돼지콜레라 박멸 사업을 승격시키고 실질적으로 박멸 사업을 선도하게 되었다.

진길부 조합장의 강력한 지도력으로 서울 양돈협회 중앙회에 돼지콜레라 박멸 비상대책본부가 만들어진다. 도드람양돈조합의 방역팀장이면서 양돈위생 담당자였던 김준영 수의사를 돼지콜레라 박멸 비상대책본부 실무 책임자로 파견하는 등 각별한 노력을 기울인 결과, 도 단위 조직구성, 중앙 단위 조직구성 등에서 돼지콜레라 박멸 사업에 일정 성과를 내게 되었다.

1990년대 중반부터 도드람 유통에서는 일본으로 돼지고기를 수출하고, 가공하지 않은 이분도체 상태의 지육 수출까지 하는 쾌거를 이룬다. 그럼에도 불구하고, 돼지열병(돼지콜레라)이 퍼져서 돈육 수출을 하지 못하는 상황이 우려되었다.

이러한 위기 속에서 진길부 조합장은 양돈업계의 여론을 주도하는 주요 인사(황민영 농어민신문사 대표, 최상백 한돈협회장, 윤희진 다비육종 대표)들과 함께 민간이 주도하는 돼지콜레라 박멸 비상대책본부(후에 '가축방역지원본부')라는 조직을 만들어 축산농민들 스스로 방역에 앞장서도록 독려했다. 이 일은 결과적으로 돼지콜레라 백신 접종 실태조사 활동 및 돼지콜레라 백신 접종을 통한 박멸 사업을 초기 단계에 도드람조합이 주도하여 이끌어 나가는 계기가 되었다.

진길부 조합장은 도드람 회원 농가들의 협조를 받아 돼지콜레라 박멸 도드람농가 기금을 선도적으로 거출한다. (1997~98년 당시 박멸기금 3천만 원 모금)

이 자금을 활용하여 도드람 직원들이 적극적으로 활동하게 하여 돼지콜레라 박멸 사업에 앞장서게 된다. 즉, 도드람조합 방역팀이 경기도 이천, 여주, 안성 지역의 당시 2,000여 개 양돈농장의 돼지콜레라 방역 실태조사를 진행하였다. 관련 양돈농가 방역 교육, 정부 차원의 박멸 사업 계획 수립 및 경기도 남부 지역 현장 박멸 사업 일부를 진행하게 되었다. (도드람양돈조합 방역팀 정현규, 김준영, 최종영, 김현주 수의사 등이 실무자로 활동)

양돈농가 돼지콜레라 방역 관련 실태조사를 통해 지방자치단체 (시군구) 단위 가축방역 백신 냉장 보관시설을 확대하였다. 시군 지자체 단위 방역사업단 구성, 돼지콜레라 백신 접종 일령 2단계 정례화, 돼지콜레라 미발생 지역 접종 중단 사업 등을 추진하였다. 이로써 진길부 조합장과 황민영 대표, 윤희진 대표가 주도하는 민간 단위의 돼지콜레라 박멸사업단이 활발하게 사업을 전개하게 된다.

이러한 와중에 사료업계의 참여가 절실하였으나 일부 사료업계의 재원 염출에 대한 반발로 진통을 겪게 되고, 결국 농림부의 중재로 황민영 돼지콜레라 박멸사업단 대표 체계에서 윤희진 대표

체계로 바뀌면서 갈등보다는 안정적인 돼지콜레라 박멸 사업을 진행하게 된다.

이러한 민간 차원의 방역 활동으로 1998~99년 대한민국 최초로 전국적인 돼지콜레라 백신 접종 중단이라는 결정이 내려졌고, 6개월간 전국적으로 돼지콜레라 백신 접종 중단 상황을 유지하게 되었다.

그러나 이러한 노력에도 불구하고 경기도 김포, 강화 지역에서 돼지콜레라가 재발생하면서 돼지콜레라 박멸 사업은 최종 목표인 '완전 박멸'에는 성공하지 못하고, 다시금 돼지콜레라 백신 접종을 전국적으로 재개하게 된다.

하지만 돼지콜레라 박멸 비상대책본부는 돼지콜레라, 구제역, 아프리카돼지열병 등의 방역과 박멸 사업을 이어받아 '가축질병방역지원본부'로 명칭이 바뀌어 지금까지도 가축방역 활동에 종사하게 된다. 이러한 진길부 도드람양돈조합장이 주도하는 돼지콜레라 박멸 비상대책본부 활동이 후에 구제역, 조류인플루엔자, 아프리카돼지열병 등의 축산분야 방역을 담당하는 가축방역지원본부로 확대 개편하게 된다. 이후 발생하는 구제역이나 조류인플루엔자(AI)에 체계적으로 대응할 수 있는 조직구성의 단초를 마련하게 된 것이다.

진길부는 돼지콜레라(돼지열병) 박멸 관련 사업 외에도 2011년 전국적인 구제역 질병 발생에 대처하면서 정부 정책을 바꾸는 데에도 노력하였다.

2011년 10월 말부터 경북 안동에서 시작된 구제역이 2011년 11~12월 경기도 지역 등 전국에 확산되었다. 구제역이 발병하면 방역당국에 신고하여야 하고, 발생농장과 반경 500m 내의 농장은 무조건 전두수 살처분하여 매몰 처분해야 했다. 전국 주요 도로에는 이동차량 소독 초소가 설치되고, 온 나라가 구제역으로 난리가 났다.

정부에서는 부랴부랴 구제역 백신을 수입하여 농가에 보급하면서 2012년 중반에 대규모 구제역 살처분 정책이 사실상 종료되었다.

2011년 10~12월 발생 초기에는 구제역 백신도 부족했고, 구제역 관련 치료방법도 없는 상황이어서, 정부 정책은 무조건 매몰 살처분해야 하는 것이었다.

2012년 초, 구제역 질병이 경북 안동에서부터 경기도 파주 지역을 거쳐 경기도 이천 지역으로 전파되면서 구제역으로 약 200만 두의 돼지가 살처분 매몰되는 사태가 벌어졌다. 진길부 대표는 이러한 상황을 두고 '빈대를 잡으려다 초가삼간 태우는 격'이라고 판단하고, 정부의 무조건적인 살처분 정책 변경을 위해 노력했다.

이에 진길부 대표는 경기도 축산과 등 관계기관에 살처분 정책 변경을 요구하며, 본인이 경영하는 개척농장에서 돼지를 관찰한 결과 자돈은 감염 2~3일내에 모두 폐사하지만 모돈은 입가에 수포가 생기고 발톱이 빠지는 등 전형적인 병변이 나타나고 사료섭취를 잘 못하여도 10여 일이 경과하면 수포가 사라지고 정상적인 먹이 활동을 하며 회복되었다. 이러한 사실을 경기도와 농림축산식품부에 보고하고, 살처분 정책의 완화를 주장하여 결국 이를 관철시켰다.

2012년 4월부터는 구제역 백신이 안정적으로 공급되면서, 구제역에 몇몇 개체가 걸리더라도 농장 전체를 살처분하는 대신, 감염 개체만 살처분하는 방식으로 정책이 완화되었다. 또한, 전국적으로 모든 돼지에게 구제역 백신을 접종하는 것으로 변경되었다.

진길부 대표가 중심이 되고 당시 한돈협회 이병모 회장을 비롯한 회장단, 경기도 축산과장, 김준영 수의사 등의 노력으로 이 당시 살처분 두수를 300만 두 전후로 제한할 수 있었다. 진길부 대표는 행정기관의 페널티도 두려워하지 않고, 자신의 뚝심과 소신으로 구제역 대응 방법을 실증한 것이다. 그 결과 농림축산식품부의 가축 살처분 정책 시행령이 다소 합리적으로 변경되었다.

도드람양돈농협 동물병원(2011)

제주 지역
양돈산업 발전에 기여하다

진길부 대표는 고향인 제주도의 양돈산업 발전과 독자적인 경쟁력 강화, 그리고 이를 수출산업으로 육성하는 데 많은 역할을 했다. 제주도가 육지와 격리된 지리적 특성을 활용하여, 육지에서 발생한 돼지 질병과 상관없이 제주도에서 생산된 돼지고기를 해외에 수출할 수 있도록 제주 돈육 수출시스템을 만드는 데 크게 기여했다.

진길부 대표가 중심이 되어 제주 지역 양돈농가들과 함께 제주 돈육 수출사업단을 2009년 구성하고, 관련 유통업체를 설립했으며, 수출사업단 유통사업 전문 가공장도 함께 만들어 제주 돈육 수출사업을 위해 많은 노력을 기울였다. 이러한 노력의 결실로 진길부를 비롯하여 제주천지영농조합법인, 돈마영농조합법인, 길갈영농조합법인, 제주양돈축산업협동조합, 북제주동부양돈영농조합법인, 제주축산업협동조합 등이 참여하고 개인적으로는 하경수 대표, 강길승, 고권진, 김기범, 김성진, 김준영, 김진욱, 김충남, 박태진, 성낙건, 양정규, 오영익, 좌영부, 한규혁, 현종협 등이 참여하여 제주돈육수출센터(JPC)가 2010년 건립되게 된다. 제주돈육수출센터는 2025년 4월 말 제15기 정기주주총회를 개최하는 등 현재에도 제주 돈육을 육지부를 비롯하여 홍콩 등 해외 수출에 앞장서고 있는 돼지고기 제조 유통업체이다.

진길부 조합장은 2010년 전후하여 도드람양돈농협과 부산·경남 지역 양돈농가들의 모임인 부경양돈조합과 함께 돼지고기 수출사업단을 결성하여 다양한 활동을 진행하였다. 이러한 노력의 결과로 제주 지역 돼지고기가 홍콩을 거쳐 중국으로 정기적으로 수출되는 기반을 마련하였다.

이렇게 제주 지역을 위하여 묵묵히 일하는 진길부 대표의 모습은 마치 우리가 어린 시절 책에서 읽었던 '큰바위얼굴'을 연상하게 한다. 그러나 제주도 사람들 특유의 배타적인 분위기 때문에, 진길부 대표가 제주 양돈농가들을 위해 중요한 성과를 이뤘음에도 불구하고 일부 농가들로부터 은근히 배척당하며 끝까지 함께 하지 못한 아쉬운 부분도 있었다.

제주돈육수출센터 전경(2025)

제주돈육수출센터 - 햄공장 전경 사진(2025)

재단법인 도드람농사문화재단(양돈연수원) 설립과 해외농업 개척에 힘쓰다

1) 진길부의 도드람농사문화재단(양돈연수원) 설립 배경

1970년대 대한민국의 양돈농가들이 빠른 속도로 전업화되면서 호당 사육두수가 증가했다. 이에 따라 국내 돈육시장은 급등락을 반복하며 혼란기를 겪었다. 1980년대 후반에는 사료 공동 구매, 사양 관리 기술 교류, 출하 관리 등을 목적으로 양돈농가들의 조직화가 시작되었다. 1990년대에는 지역 양돈협회, 양돈농협, 축협 등이 출현하며 양돈산업이 규모화, 전업화 되었다.

1987년, 경기도 이천과 여주의 진길부를 포함한 양돈농가 13명이 사료 공동 구매, 돼지 공동 출하를 목적으로 조직한 '무명회'를 기반으로 하여, 1990년 9월에 '이천양돈조합'을 설립하게 되었다. (실제로는 농림축산식품부의 1개도 1개 업종조합 정책에 따라 좌초되고, 임의단체인 도드람양돈사업회 명의로 진행)

이 조직이 현재의 전국 최대 양돈조직인 '도드람양돈농협'으로 성장하게 되는데, 진길부가 초대 도드람양돈사업회 계열사업부 대표, 초대 도드람중부양돈조합장, 2대·3대·4대 양돈조합장을 지내게 된다.

1990년대 국제적으로는 WTO 체제가 출범하면서 1997년 7월부터 돼지고기 수입 자유화가 시행되었다. 돼지고기 수입 자유화에 대응하여 국내 양돈산업의 국제경쟁력 확보가 절실한 상황에서 현장 기술의 표준화, 전문화 문제가 대두되었다. 현장 전문 인력 양성, 양돈장 경영 개선을 위한 전문 교육장이 필요하게 된 것이다. 이에 진길부는 양돈인 교육의 필요성을 공감하고, 양돈농가들을 위한 양돈 전문 연수원 설립을 결정하고 주변 지인들과의 토론과 모임을 이끌어 연수원 설립과 연수원용 실습농장 건립에 나서게 된다.

대산농촌문화상 수상 장면 (연단에서 수상소감 발표하는 진길부 1994)

2) 양돈연수원 설립 과정
(도드람양돈농협과 개척농사단의 결합)

진길부 조합장은 양돈 전문 교육장의 필요성을 절감하던 중, 1994년 9월 농업구조 개선에 기여한 공로로 대산농촌문화상을 수상하며 부상으로 3천만 원을 받게 된다. 그는 이를 계기로 농업교육장(양돈연수원) 설립을 본격적으로 구상하기 시작하였다.

진길부는 유럽의 바네벨트 대학 연수원을 벤치마킹하여, 1차로 양돈 전문 교육기관인 '양돈연수원'을 설립하고, 2차로 양돈연수원 교육생들의 '실습농장' 건립을 결정하고, 본인이 솔선수범하면서 주변 지인들과의 공감대를 확대해 나갔다.

진길부는 양돈연수원(3층 건물 : 1층 사무실 공간, 2층 숙소, 3층 강의실) 건립을 위해 1차 출연을 하게 되는데, 그 내용은 다음과 같다.

- 대산농촌문화상 상금 3천만 원을 전액 출연.
- 연수원 건립 부지로 진길부 본인 소유 토지 1,106평 (감정가 1억 1,163만 원) 출연.
- 개척농사단 회원 고 심이보가 기증한 193평 토지 (감정가 2,871만 원) 출연.

아울러 진길부가 소속된 단체인 개척농사단('농사(農士)는 흙으로 가는 대열'이라는 이념을 추구하는 사회단체 부록 개척농사단과 진길부 참조)이 연수원 설립 취지에 동참하여 개척농사단 명의로 양돈연수원 기금 1억 원을 출연했다. 도드람양돈조합 관계사와 일반 후원자, 양돈농가,

양돈연수원 개원(1996)

양돈 관련 사업자 등이 3억 4천만 원을 출연하고, 농림축산식품부에서 3억 원을 보조받아 총 6억 4천만 원으로 경기도 이천시 신둔면 도암리에 양돈연수원 교육장을 1996년에 건립하였다.

이어서 진길부는 양돈연수원 실습농장 건축을 위한 2차 출연을 하게 되는데, 그 내용은 다음과 같다.

- 본인 소유 토지 3,020㎡(감정가 1억 3,590만 원) 기부.
- 양돈 관련 시설업체, 축산기자재 업체, 동물약품 업체 등에서 3억 2천만 원 상당의 기금 출연.
- 농림축산식품부로부터 3억 원의 보조금을 지원받아 실습농장 설립. (이 실습농장은 네덜란드 바네벨트 양돈대학을 모델로 한 동양 유일의 시설로, 양돈교육과 실습이 결합된 독보적인 교육장으로 자리 잡았다.)

진길부의 주도적인 노력 속에 1995년 10월 농림부로부터 재단법인 설립 허가를 받고, 1996년 ~ 1997년 연수원 교육관과 실습 농장을 건립하였다. 30여 년 동안 재단 명칭이 두 번 변경되어 현재는 '재단법인 녹색부농'으로 바뀌었다.

3) (재) 녹색부농 이사장 시절

진길부는 2009년 도드람양돈조합장에서 물러난 후, 양돈기술원의 상임이사를 맡으며 운영 방향을 지역 선도 농가 육성과 농장장 육성으로 바꾸었다.

상임이사로 부임한 진길부는 2010년부터 지역 선도농가 육성 사업을 시작하였다. 그는 양돈 경력이 있고 생산성이 높으며, 주변 농가의 모범이 될 수 있는 양돈농가를 중심으로 5~10개 농가를 그룹으로 조직하여, 도별로 1그룹을 만들고 매주 1회 집중 교육을 추진하였다.

선도농가는 생산성적, 분뇨처리, 농장 환경미화 등에서 모범이 되도록 하여 농장 경영의 효율성을 주변 농가와 공유하도록 하였으며, 함께 발전할 기회를 제공하는 것을 목표로 삼았다.

경기, 충남, 충북, 전북, 전남, 경남 등 6개 팀을 만들어 2010년 3월부터 그룹 교육과 토론을 통해 최신 양돈 기술을 전수하였으며, 강의는 지역별 전문 컨설턴트가 담당하였다. 그러나 2011년 전국적으로 구제역 질병이 발생하여 이 사업은 지속되지 못하였다.

2010년경, 양돈장 현장은 외국인 노동자가 점차 증가하고 내국인은 감소하면서, 외국인만으로 인력을 충당하는 농장이 생겨났다. 이에 따라 농장 현장을 종합적으로 관리할 수 있는 내국인이 필요하게 되었다. 그러나 양돈 현장에서 절대적으로 필요한 일이지만, 농장장 육성은 많은 시간과 비용, 전문성이 필요하여 적극적으로 추진하지 못하였다.

규모 있게 양돈을 하던 경기도 이천 지역의 도드람양돈조합 동지들도 그 필요성에 공감하였으나, 구제역 질병이 전국적으로 만연된 상태에서는 현장 전문가를 육성하는 것이 현실적으로 어려워 구상에 그치고 말았다.

4) 축산환경 개선, 해외사업 추진 시절

농가가 규모화되고 전업화 되면서 사육 기술도 향상되고 양돈산업의 생산성도 높아졌으며, 양돈 전문 컨설턴트들의 활동이 확산되던 시점에서 2011년 전국 규모로 구제역 질병이 발생하였다. 이로 인해 많은 양돈농가가 폐업하게 되었고, 2012년경에는 전국의 양돈농가 수가 약 6천 농가로 감소하였다. 구제역 등 질병 차단 방역 목적으로 집합 교육이 불가능하게 되면서 양돈교육에 대한 수요도 감소하였다.

종전의 집합식 교육사업이 제한적인 상황에서, 양돈기술원은 해외 개발도상국 농업개발 관련 사업을 추진하게 되었고, 1차 해외농업 개발지역으로 미얀마를 선택하였다.

미얀마 가나안농군학교에 양돈실습장을 건립하였으며, 동시에

2차 해외농업 개발지역인 아프리카 우간다의 수의축산학과 졸업생을 선발하여 국내에서 대학원 과정을 마치게 하는 사업을 전북대학교 팀과 함께 시작하였다.

또한, 축산업이 환경오염과 냄새 민원의 주요 원인으로 대두됨에 따라 분뇨처리와 축사 환경개선이 축산업 발전과 유지에 매우 중요한 과제가 되었으므로, 목적사업을 환경개선 위주로 변경하였다.

2009~2011년 약 3년간 미얀마 국가 흘레구 지역 농촌 개발 사업을 KOICA에서 수행하였다. 이 사업은 미얀마 사업 지역에 학교와 마을회관 건설, 마을 도로 및 농수로 정비, 의식개혁 훈련, 소득향상 축산 사업 등을 포함하였다. 미얀마 지역 마을 개발 사업 현지 책임자가 진길부의 대학교 절친인 서종혁 박사로부터 사업 종료 현황에 대해 전해 듣고, 진길부는 계속해서 사후관리가 필요하다고 생각하였다.

KOICA 사업은 종료 후 사후관리가 되지 않는 경우가 많았기 때문에, 사업이 완료된 미얀마 흘레구 지역 카양 마을에 소득증대를 위한 축산(양계) 사업을 추진하기로 하였다.

| MYKO(MYANMAR KOREA) 협동농장 설립 계획

5명이 협동조합 형태로 운영하는 방식으로 산란계 500수 규모의 계사를 총 5동을 건축하는데, 2개 동은 녹색부농(양돈연수원)이 건립하고 미얀마 카양 마을 공동으로 1개 동을 초기에 간립하여 3개 동으로 운영하고, 1년 후 수익금으로 1개 동을 추가 건립하

고 녹색부농(양돈연수원)이 1개 동을 추가로 건립 지원하여, 총 5개 동의 계사를 완공하여 산란계 농장을 운영하려는 계획이었다.

| MYKO 협동농장의 절반의 성공

2014년 12월, 진길부 녹색부농 이사장이 참여한 미얀마 MYKO 협동농장의 기공식이 열렸다. 카양 마을의 이장 뗏나잉과 협동농장 참여자들이 모여 양계사 말뚝을 박으며 계사 건축을 시작하였다. 하지만 미얀마 현지에서 사업을 하는 지인들을 통해 현장 관리를 간접적으로 하면서 MYKO 농장과 녹색부농 법인 간의 의사소통이 원활하지 않았다.

양계사 현장은 기둥과 지붕 트러스 등이 설치된 후 1년 동안 중단되었다. 축산 허가 없이 건축을 시작한 후, 축사 대지가 축산을 할 수 없는 곳임이 확인되어 건축을 계속할 수 없게 되었다. 업무연락과 의사소통 부재, 현지인의 관습에 대한 이해 부족으로 결국 이 프로젝트는 유야무야 상태가 되었다.

5) 미얀마 농업기술원 건립

카양 마을의 양계 협동농장 사업이 부진한 상태에서, 세계 14개 지역에 농군학교를 운영하는 세계가나안운동본부의 김범일 총재로부터 진길부는 미얀마 가나안농군학교 운영에 지원과 협조를 요청받았다. 김범일 총재는 재단법인 녹색부농(도드람농사문화재단) 이사장으로 13년간 봉사한 인물로, 진길부 조합장과 오랫동안 교류해 온 분이다.

진길부 조합장은 가나안농군학교 교장이 선교사로서 농업전문가는 아니며, 선교사가 농업소득을 높이기 위한 지식이 부족할 수밖에 없다고 판단하였다. 또한 가나안농군학교는 선교를 최우선으로 하고 선교가 곧 목적이기 때문에 실제적인 축산 전문가가 필요하다고 생각하여 전문가를 파견하기로 결정하였다.

그래서 녹색부농이 농업전문가를 파견하여 협업을 하면 미얀마 가나안농군학교가 명실상부 농민교육과 선교를 병행할 수 있다고 판단하여 미얀마 가나안농군학교 내에 농업기술원을 설립하기로 하고, 전문가인 장선복 이사를 파견하기에 이르렀다.

농군학교가 위치한 미얀마 핀우린은 수도 양곤에서 북동쪽으로 약 1,000km 떨어진 곳에 있으며, 해발 800~1,000m 고지에 위치해 있었다. 이곳은 미얀마 수도 양곤이나 만달레이 시에 비해 기온이 낮아 영국 식민지 시대부터 영국인의 휴양지였고, 현재는 미얀마 국군 사관학교가 있는 군사도시이다.

재단법인 녹색부농(한국양돈기술원, Green Farmers Foundation, GFF, 이사장 진길부)과 사단법인 세계 가나안농군운동본부(World Canaan Movement, WCM, 총재 김범일)는 상호 협력체계를 구축하여 미얀마 가나안농군학교(교장 조성협)에 '미얀마 가나안농업기술원'을 설립하기로 하였다. (재)녹색부농은 1995년 설립 이래로 양돈 관련 기술과 경영관리를 중심으로 양돈인과 관련 산업계 인력을 양성해 왔으나, 양돈농가의 급격한 감소 등 시대적 상황 변화로 인해 국내 사업이 정체되면서 해외사업을 모색하던 중, 저개발 농업국가를 대상으로 기독교 정신을 바탕으로 하여 근로정신 교육을 추진해 온 해외 가나안농군학교 중 활성화의 계기가 요구되는 미얀마 가나안농군학교에 축산 시범농장을 설립하고 운영하기로 하였다.

세계 가나안농군운동본부(WCM, 총재 김범일)와 재단법인 녹색부농(GFF) 간 상호 협력체계를 구축하여, 미얀마 '가나안농군학교(Canaan Farmers Training School)'에 농업기술 시범농장 운영과 농업기술 확대 교육을 통하여 미얀마 농민들에게 소득향상을 효과적으로 추진함을 그 목적으로 하였다.

미얀마 농업기술원의 사업 분야는 다음과 같다.
- 미얀마 농민에 대한 농업기술 시범, 교육
- 미얀마 축산 시범농장의 운영
- 미얀마 경종농업에 관한 기술지원
- 기타 미얀마 농업 발전에 필요한 사항으로 정하였다.

미얀마 농업기술원은 미얀마 가나안농군학교 소속 부서로 하며, 예산과 운영은 미얀마 가나안농군학교 미얀마 농업기술원(약칭 미가농기원)의 독립 채산제 방식으로 한다.

전문인력의 파견 및 운영 주체는 (재)녹색부농이 주관한다. 이러한 결정에 따라 장선복(대성농장 대표, 경북 김천) 녹색부농 이사를 원장으로 하여 미얀마 농업기술원 사업을 추진하였다.
- 미얀마인 고용을 최대화할 수 있는 구조와 경영 형태를 추구한다.

- 축사 규모는 교육용에 맞는 크기로 하되, 자력으로 운영하는 최소 규모로 한다.
- 지역 주민 생활개선에 적극 노력한다.
- 한국의 전문인력, 특히 은퇴 농업 전문인력을 적극 활용한다.
- 교육생은 교육비용 자부담을 원칙으로 하되 현실성 있게 대처한다.
  - 사업 명칭을 '미얀마 가나안농업기술원'으로 변경
  - 2016. 2. 26. 세계가나안농군학교(WCM)와 업무협약서 체결
  - 모돈 50두 일괄 생산 규모의 돈사를 개보수하고, 슬러리 돈사 형태의 분뇨저장조를 설치하고 축사사업 시작하였음.

- 시설 규모
  - 모돈 100두, 일괄 사육 농장, 한국형 슬러리 돈사, 1,500㎡
  - 교육시설 : 연수관 150㎡, 기숙사 150㎡

- 미얀마 농업기술원의 사업 추진 경과

미얀마 농군학교에서의 양돈장과 주변 농가의 양돈 기술교육은 2018년 초까지 운영하였다.

장선복 이사 파견 2년여 만에 농군학교 양돈장의 사육 규모가 50여 두로 늘어나자, 미얀마 행정당국에서 이는 영리사업이라고, 비영리 교육기관에서 영리사업은 안 된다고 지적하기도 하였다.

2018년 협업계약이 만료되고, 선교사업과 농업 교육사업 간 의견 차이로 장선복 이사는 핀우린에서 가까운 샨주에 별도의 부지

를 매입하여 양돈장을 건축하였다. 장선복 이사는 양돈장을 운영하며 PIG ACADEMY를 설립하여 10명 내외의 현지인을 채용, OJT 형식으로 양돈 기술교육을 이어 나갔다.

6) 우간다 학생 초청 연수

우간다 학생 초청 연수사업은 녹색부농과 전북대학교가 협력하여 우간다 마케레레대학교 수의·축산학과 졸업생 9명을 초청하여 전북대학교에서 석사 과정을 이수하는 프로그램이다.

진길부 이사장의 개인 농장, 녹색부농 실습농장인 웰돈팜 등 9개 양돈농가가 2년간 4,000만 원을 전북대학교에 장학금으로 내고, 전북대학은 이 장학금으로 우간다 학생 9명을 초청하여 교육하고 학위를 수여하였다. 이 사업은 정부 보조 없이 순수 민간 장학금으로 우간다의 축산업 발전에 필요한 인재를 육성하는 민간 원조사업이라는 중요한 의미를 가지고 있었다.

이 사업 추진의 핵심 역할은 전북대학교의 이학교 교수와 진길부 이사장의 협력이었다. 또한, 사업 추진과 그 의미에 동참한 양돈농가들이 있었다.

대학원 4학기 동안 학기 중에는 주중에 후원 농가 농장에서 일을 하고, 주말에는 전북대학교에 모여 축산 관련 강의 수업을 들었다. 방학 중에는 학교에서 수업을 이어갔다. 지도 교수들은 주말과 방학에도 쉬지 않고 학생들을 지도하는 데 노력했다. 이 과정 진행에는 많은 에피소드가 있었지만, 무사히 마칠 수 있었다.

전공 외에도 학생들에게 도드람조합 사업장 견학을 통해 협동조합의 개념과 활동에 대해 교육하고, 졸업 후 우간다에서 협동조합을 운영하도록 하였다.

2017년 진길부 이사장이 별세한 이후에도, 축산환경기술원을 설치하는 등 그의 뜻을 이어받아 제한된 예산 내에서 후진국 학생 농업기술 연수 지원, 축산환경 개선 사업 선양, 장학금 지급 등 후속 사업을 이어가고 있다.

양돈산업을 통하여 '남북농업교류'를 실천하다
- 금강산 편

1998년 6월, 정주영 현대아산 명예회장이 판문점을 통해 1,001마리의 소떼를 이끌고 방북한 이후, 남북한 당국은 금강산 관광을 실제로 진행하기로 하여, 남한 금강산 관광 신청자들의 금강산 방문길이 어렵게 열렸다.

남북한 농업교류를 평소 주장해 오던 진길부 당시 도드람양돈조합장(이하 진길부 조합장)은 제일 먼저 금강산 관광을 신청했다. 황민영 농어민신문사 대표, 이우재 전 국회의원, 김고중 현대아산 부대표 등 뜻있는 지인들과 같이 방북 신청을 하여, 초창기 금강산 해양관광 시기에 북한 금강산을 방문하게 된다.

처음 금강산 방북 시 진길부 조합장은 북한 땅을 처음으로 밟아 보고 금강산 지역의 흙을 만져보며 감개무량하였다.

금강산이 있는 북한 북강원도[8] 북측 고성군 지역은 지리적으로

----
[8] 강원도는 남북한으로 분단되어 있는 세계 유일의 분단 도(道)이다. 이 글에서 남한의 강원도는 '남강원도', 북한의 강원도는 '북강원도'라 칭한다. 군 명칭으로서의 강원도 고성군, 철원군 또한 남북한으로 각각 지명이 분단되어 있다. 이 글에서는 남북에 있는 강원도 고성군의 혼동을 피하고, 북한의 강원도 고성군 지역을 일괄적으로 지칭하기 위하여 '북고성군'이라는 용어를 사용하였다. 그러므로 북한에는 '북고성군'이라는 명칭의 행정구역은 없다.

남북한 접경 지역에 있다. 다른 지역에 비해 남북한 왕래가 용이한 지리적 특성이 있어 관광뿐만 아니라 농업 분야의 교류와 협력의 장으로서도 효과적으로 활용될 수 있다고 본 진길부 조합장은, 금강산 관광사업을 남북농업 교류의 장으로 활용하려는 계획을 갖게 되었고 이를 실행해 나갔다.

북측 강원도 고성군에는 2000년 남북 농업협력사업의 일환으로 4ha에 달하는 큰 규모의 비닐하우스 온실이 ㈜현대아산 주도로 건설되어, 금강산 관광객을 위한 채소 등 식자재를 공급해 오고 있었다. 그러나 2001년 금강산 남측 관광객 수가 전년 대비 대폭 감소하면서 고성 남새온실농장의 운영에 어려움을 겪게 되자, 김대중 정부의 통일부는 '북고성군 농업협력단'을 만들어 2002년부터 온실농장 운영의 정상화를 위해 북고성 남새온실농장에 농자재와 관련 기술 등을 지원하기로 하였다.

이 시기에 진길부 조합장은 '북고성군 농업협력단'에 참여하여 남새온실농장에 유기질 퇴비를 투입하자고 주장하여 관철시켰다. 그는 북한 강원도 북고성군 성북리에 위치한 성북리 양돈장에 고정적인 사료 지원을 맡겠다고 자원하면서, 북고성군 성북리 양돈농장 운영까지 지원하게 되었다.

아울러 이 시기 진길부 조합장은 후에 통일농수산사업단을 구성하게 되는 이병호 농어촌공사 이사장, 이우재 전 국회의원, 이길재 전 국회의원, 황민영 농어민신문사 대표 등과 협력하여 북한 고성군 지역에 있는 리 단위 협동농장을 대상으로 새로운 형태의 남북 농업협력사업을 추진한다. 그는 사료 등의 물적 지원과 인력 지원 등의 강력한 지원자임을 자처하며, 실제로 아낌없는 지원을 하였다.

진길부 조합장이 직접 회원 자격으로 참여한 북고성군 농업협력단은 2001년부터 고성 남새온실농장과 고성 양돈농장에 종자, 농자재, 사료, 양돈용 자재, 영농기술, 그리고 전문기술 인력을 지원하였으며, 또한 인도적 사업의 일환으로 북측 고성군 지역에 연탄을 지원하였다.

진길부 조합장이 회원으로 참여한 통일농수산사업단과 통일농수산포럼에서는 2002년부터 2010년까지 북고성군 성북리협동농장, 금천리협동농장, 삼일포리협동농장에 각각 250두 규모, 600두 종돈장 규모, 200두 비육돈 규모의 돼지공장(양돈장)돈사 건립과 운영을 지원하였다.

양돈장 지원은 통일농수산사업단이 2004년부터 맡아서 진행하였는데 진길부 조합장이 양돈협력위원회 위원장 윤희진 다비육종 대표, 이태헌 국장 등이 양돈협력위원회 이사 및 회원으로 활동하는 북한 양돈협력위원회를 조직하고, 김준영 수의사가 실무자로 참여하면서 활발하게 사업이 진행되었다.

북측에서도 남측 돼지(종돈)의 새끼숫자(총산자수)가 많은 것을 직접 보고는, 남측 종돈 도입과 양돈기술을 배우겠다는 자세로 적극적으로 양돈 농업교류에 나섰다.

특히 북측 고성군 성북리 양돈장에서의 성과가 북측의 고위직 관리자들에게도 인식되어, 차차 금천리협동농장에도 양돈장을 지어주기를 남측에게 요구하게 되었다. 그 부지도 남측의 전문가들에게 문의하여 금천리 지역의 양지바른 곳에 양돈장을 건립하게 되었고, 북고성군에서 제일 규모가 컸던 협동농장이었던 삼일포리협동농장에도 농장 지배인이 양돈장 건립을 요구하게 되었으며, 이 요구를 받아들여 2005년에는 금천리협동농장 양돈장을, 2006년 말에는 삼일포리협동농장의 양돈장을 건립하게 되었다.

북측에서는 금강산 일대 3개 협동농장의 양돈장 건립으로 남측 종돈의 우수성과 남측 공급 기자재의 효율성 등을 이해하게 되었고, 2006~2007년에는 황해남도 개성시 봉동협업농장에서도 양돈장 건립을 요구하게 되었다. 이에 통일농수산사업단은 통일부의 지원을 받아 2007년 공사에 착수하여 2008년 초에 개성의 봉동양돈장을 완공하였다.

이러한 양돈장 지원사업에서 가장 중요했던 것은 안정적인 사료 공급이었다. 이 사료 관련 지원사업을 진길부 조합장이 감당하겠다고 나섰기에 양돈장 지원사업은 확실하게 집행되었고, 북측과 남측의 신뢰 관계가 유지되었다.

사료가 안정적으로 공급되자, 북측 양돈장에서 커가는 돼지 모습들은 현장에서 일하는 직원으로부터 상부로 보고 되었고, 북한의 고위층 간부가 매달 현장 실사를 해보니 신기할 정도로 돼지가 쑥쑥 크는 것이었다.

돼지가 상대적으로 잘 자랄 뿐만 아니라, 산자수(낳는 새끼돼지 수)도 많아서 양돈장 규모가 매달 성장하였으며, 북측에서도 남측 관계자들에 대한 불신이 신뢰로 바뀌게 되었다. 즉, 직접 눈으로 돼지가 크는 것을 보고는 남측 종돈과 남측 기술을 인정하는 모습이었다.

산자수가 우수한 남측 종돈 공급과 안정적인 고품질의 사료 공급, 적절한 사양관리 지도가 결합되면서, 양돈장 건립 1년 후에는 3개 협동농장 돈사마다 돼지들로 꽉 차고, 태어난 지 5~6개월이 되면 90~110kg 체중의 비육돈이 출하되었기에, 북측 협동농장 직원과 금강산관광총회사 담당자, 북측 보위부 요원들도 크게 만족했다.

물론 금강산 양돈장 지원사업에는 진길부 조합장의 노력뿐만 아니라 통일농수산사업단, 동일농수산포럼 회원들의 전폭적인 지원과 정부(통일부, 농림축산식품부)의 긴밀한 지원체계가 원활히 작동한 점 또한 좋은 결과를 이끌어 낸 원동력이었다.

노무현 정부 차원에서 남북협력기금을 조성하여 금강산 양돈장 건립 시설 자재 일체를 지원하였고, 정부 예산에서 배제되어 있던 종돈과 약품 등 각종 기자재는 다비육종과 도드람양돈농협 등 민간단체의 협력을 이끌어 낸 통일농수산사업단의 역할이 있었기에 가능한 일이었다.

북측 금강산 양돈장에 공급된 종돈은 대한민국의 검역 규정을 거쳐서 특정 질병 부재돈 심사를 통해 남측의 대표적인 종돈회사인 다비육종의 PRRS 부재 등 전염병 없는 종돈이 공급되었으며, 모돈당 총산자수가 두당 11~13두에 달하는 고능력 산자수의 종돈이 공급되었다. 당시 북한에는 산자수가 두당 8~9두 수준의 종돈이 대부분이었다.

아울러 남측 종돈과 남측 사료, 남측 기자재, 남측 동물용 의약품 등이 정기적으로 북측에 공급되었고, 정기적인 교육을 수행하는 전문가가 월 1회 파견되었다.

종돈 공급은 개체별로 질병 검사를 모두 마친 뒤 남한과 북한의 검역관 및 수의사들이 상호 건강검진 내용을 서류로 교환·확인·검증하는 과정을 거쳤다. 사료 공급 체계 또한 정기적으로 2주 단위로 이루어져, 북고성군 성북리 양돈장의 돼지들은 태어난 지 6개월이면 대부분 100kg 이상으로 성장하여 북측에서 귀한 대접을 받았다.

이러한 성과로 인해 초기에는 인적 교류에 소극적이었던 북측이 오히려 교류의 폭을 대폭 확대했으며, 통일농수산사업단과 동행한 남측 인사들 또한 전원 양돈장 방문을 받아들이게 되었다. 아울러 2006년에는 김준영 당시 통일농수산사업단 양돈사업팀장의 요청에 따라, 북측 협동농장의 양돈장마다 북측 수의사를 배치하는 방안을 전면적으로 수용하여 3명의 북측 수의사가 각각 양돈장에 근무하게 되었다.

2008년 준공된 개성 봉동협동농장 양돈장에서는 남측의 요구에 따라 처음부터 북측 수의사가 배치되었다. 이 수의사들은 개성 지역 및 금강산 인근 양돈장의 위생 관리와 사양 관리 수준을 한층 더 향상시키는 데 기여하였다.

금강산 성북리 양돈장 2006년 모습

남측 종돈 도착 기념사진 – 다비육종 종돈을 금강산 금천리 양돈장에 공급 시 모습

벽하게 그 일을 해내는 것이었습니다."
관리자들은, 남측직원보다 지시한 것에 대해 80~90% 더 잘 따라온다고 하며, 남한의 기술자보다도 오히려 더 열심히 하고 교육한데로 행하는 그들을 매우 높게 평가했다.

"방역 수준도 많이 높아졌습니다. 돈사 간 이동할 때, 돈사를 들어갈 때 비닐장화 착용 등 방역에 주의를 하고 있으며, 쉽지는 않았지만 관측 직원 및 사업 관계자들도 지금은 출입을 자제하는 편인지요. 주차장도 저장소를 매립하여 설치하여 만들었으며, 외부 창량에 대한 방역관리도 지키고 있습니다. 그리고 방역을 위해 농장 내 키우던 개 사육도 중단했습니다."

Q "많은 변화들이 있지만 더 개선되어야 할 점이 있는 것 같은데요. 어떤 것들이 있을까요?"

A "생산성 향상에 핵심적인 역할을 하는 인공수정기술은 아예 엄두조차 낼 수 없다는 것이 아쉽습니다. 성북리 양돈장 신축돈사를 무창돈사로 지었지만 전력 공급의 어려움으로 가동이 되지 않는 것도 마찬가지 입니다. 무창돈사 설립 시 전기 공급을 위해 자가 발전기를 두었지만 기름까지 요구해 처음 준공식 이후로 지금까지 사용하지 않고 있습니다. 이처럼 인공수정기술도 아직 북에서는 장비, 기술, 운영 능력 면에서 시기상조입니다. 방역관리도 더욱 강화되어야 하고, 검역단계에서

에피소드

1. 종돈을 북으로 이송하는 과정에서 종돈수송차량은 가되, 기사는 안 된다고 해서 돼지 입식 날부터 에러사항이 많았다. 일반 트럭으로 우송하여 싣고 가자는 것. 그러나 큰 돼지들은 트럭을 넘어 뛰어 나가기 때문에 비무장지대를 지나가는 것은 매우 위험했다. 그래서 급히 현대아산에서 사람을 불러 종돈수송차량 교육을 시켜 북으로 갈 수 있었다.

2. 25두 중 1마리가 성적이 좋지 않아 도태하려고 하는데 당의 허락을 받아야 한다고. 그리고 생산성 없는 돼지를 도태시킨다는 것을 이해하지 못해서 애를 먹었다고 한다. 또한 돼지를 잘못 키우면 당으로부터 심하게 문책을 당한다는 것.

3. 관리자들은 스스로 일과표를 만들어서 농장의 하루를 열심히 보내고 있었는데 일과표 중 독보라는 특이사항이 있었다. 이는 사상학습이라는 것.

4. 북은 사람 뿐 아니라 돼지도 말랐다. 220일령이 되어도 80kg이 넘지 않기 때문이다. 사료가 부족하여 하루 두 번만 급여하기 때문에 돼지들은 관리자들이 오면 일렬로 확 줄을 선다는 것. 그러나 그 사료라는 것이 잔반이고, 잔반에는 건더기 없고, 걸쭉한 뭔가가 없다는 점.

5. 돼지 가격은 당에서 결정한다는 것이 특이하다.

용어의 통일화도 앞으로 차근차근 개선되어야 합니다."

김준영 원장은 이 외에도 검역과 관련하여 기술자료 지원(책자, 비디오, 기구, 교재 등)이 되어야 하며, 양돈질병, 구제역, 돈역, 조류독감 등에서 공동조사, 연구가 추진되어야 한다고 강조했다. 그리고 가장 현실적이고도 큰 문제로 사료지원을 계속적으로 무상으로 할 수 없기 때문에 사료 대금 부담 방식을 50:50으로 변화하는 것이 필요하다고 했다.

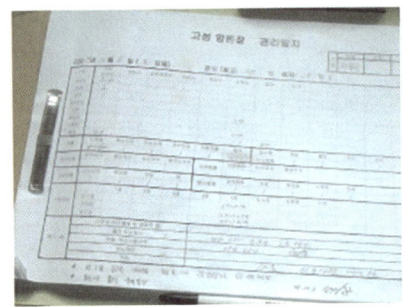
북측 성북리 양돈장 관리자가 기록한 일지

올해 4월 첫 복 분만하여 생산된 자돈

2006년도 통일농수산 포럼 월간지 기사 내용 중 일부

북측 금강산 성북리 양돈장에서 태어난 통일돼지 1호 자돈들

북측에서 사육중인 북한 평양종 돼지 모습. 2005년 성북리 양돈장

금강산 삼일포리 양돈장 측면 사진

금강산 성북리 양돈장에 진입하려면 비닐장화 활용

금강산 성북리 양돈장에 도착한 도드람사료 품질을 점검하는 서울대 김ㅇㅇ 교수 모습

금강산 금천리 양돈장 기초공사를 점검하고 있는 진길부 (가운데)

금강산 성북리 양돈장 북측 직원, 북측 수의사와 교육 및 의견 교환 모습(김준영)

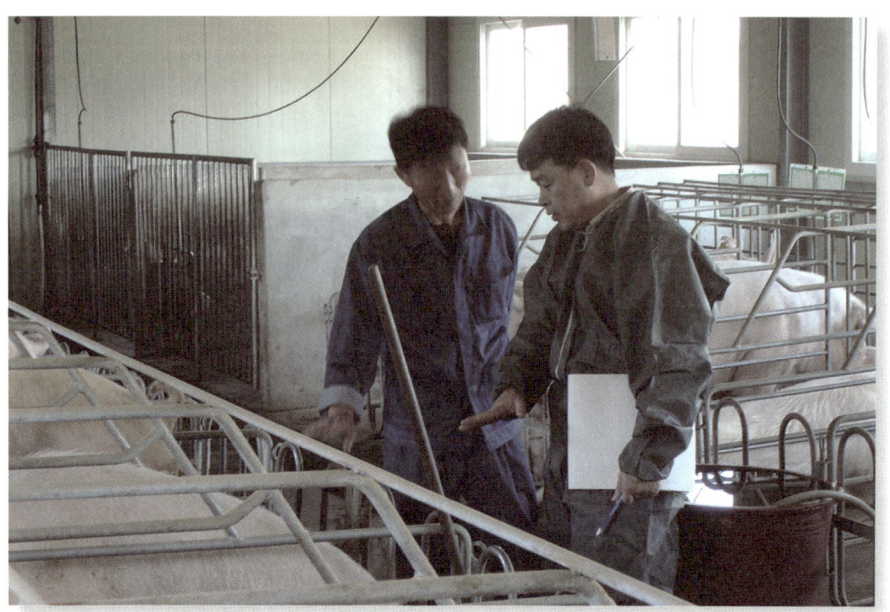
금강산 성북리 양돈장 북측 직원, 북측 수의사와 교육 및 의견 교환 모습

금강산 성북리 양돈장 북측 직원, 북측 수의사와 교육 및 의견 교환 모습

북한 금강산 일대 모습

　북측 수의사들을 비롯한 북측 직원들은 양돈장에서의 원종돈 수입(반출) 여부와 인공수정 기술 이전을 요청하였고, 남측에서도 이를 받아들여 전기 시설이 불안정한 북측 양돈장에서의 인공수정 기술 보급과 보관기술 방법 등을 전수하였다.

　당시 북한 금강산 일대에서는 수컷 웅돈 한 마리를 손수레에 태워 수백 미터 또는 수 킬로미터 이동시키며 다른 농장의 암컷과 자연 교배시키는 것이 일반적인 교배 방법이었다.

　아울러 돼지 품종 중 순종인 랜드레이스 원종, 대요크셔 원종, 듀록종 원종돈을 북한 고성군 금천리협동농장 양돈장에 공급함으로써 금강산 일대에 우수한 종돈을 보급하는 계기를 만들었다. 이러한 종돈 공급과 양돈 기술의 전수는 남측 전문가들이 월 1~2회 정기적으로 방문하며 관리한 덕분에 가능했던 지원사업이었다.

금강산 지역에서의 양돈장 지원사업은 점차 북측 고위층에도 알려졌고, 2007년 10월 2일부터 4일까지 열린 제2차 남북정상회담(노무현 대통령과 김정일 국방위원장 간)의 농업협력 의제로도 올랐다. 이후, 2007년 남북정상회담 후속 조치로 남북농업협력사업 제1호 사업으로 확정되기에 이르렀다.

이러한 성과는 진길부 조합장의 헌신적인 노력이 결정적이었다.

2007년 10월 말, 남측의 이재정 통일부 장관과 북측의 김양건 통일전선부 부장이 협의한 결과, 북한 평양특별시 강남군 도읍리 인근에 5,000두 규모의 남북 합작 통일양돈장을 건립하기로 공식 결정하였다.

양돈장 지원사업 이외에도 진길부 조합장은 일반 농업 분야에도 관심을 가지고 남북 농업교류 사업에 직간접적으로 활발히 활동해 나갔다.

이러한 과정에서 통일농수산사업단 명의로 삼일포리협동농장의 경작지 500ha 가운데 수도작 영농에 필요한 종자, 비료, 토양개량제, 농기계 등 농자재와 영농기술을 지원하였으며 벼종자, 시험재배용 보리종자, 종자용 고구마 등 종자, 경운기 및 경운기용 복토기, 트랙터, 보리파종기, 농약살포기, 보리복토기, 로타베이터, 수동식 분무기 100여 대 및 기타 잡자재, 탈곡기 등 농기계, 토양개량제, 미생물발효제, 비료, 쌀겨, 복합비료, 농약 등 영농자재, 보리 이모작 재배용 영농자재 등을 제공하는 데에도 진길부 조합장은 늘 협력자로 있었다.

2005~2006년에는 도드람 조합원들 중 대의원 60여 명을 금강산과 성북리 양돈장에 방문하도록 하고, 도드람조합원 대의원총회를 북측 금강산 호텔에서 개최하는 등 진길부 조합장의 남북 농업교류에 대한 의지는 이때 최고조에 달했다.

참석한 조합원들에게 북측 양돈장 현황 등을 소개하면서 남북 농업교류의 중요성과 통일 한국의 미래상을 강조했다. 또한 양돈인이 앞장서서 과수, 원예, 논농사 등 남북 농업교류의 선봉에 서자는 의견을 많이 피력하였다.

당시 금강산 일대에는 통일농수산사업단을 비롯하여 경북도 등 많은 지자체가 남북 농업교류를 실시하던 때였다. 2005년에는 삼일포리협동농장[9]의 시범포 운영계획을 통해 벼 기계이앙 재배면적을 2ha로 하는 것과 벼 시범재배 확대를 위한 기계 육묘장 설치와 운영 방안을 협의, 진행하는 데에도 진길부 소합상은 많은 관심을 가지고 일반적인 농업교류 협력 활동을 지지, 지원하였다.

그 당시 충북 제천시는 1억여 원의 예산으로 삼일포협동농장에 사과와 복숭아 과수원을 조성하고 급수시설 및 비료 등 농자재도

---

9 북고성군 삼일포리협동농장은 금강산 지역 최대 규모의 협동농장으로, 삼일포~해금강에 이르는 도로 양쪽의 넓은 평야 지대를 말한다. 삼일포리협동농장의 총 경지면적은 약 500ha로서, 논 면적은 약 390ha, 밭 면적은 약 110ha로 구성되어 있다. 삼일포리협동농장은 토지정리 사업을 완료하여 경지정리와 수로시설은 완비되어 있고, 동해안의 기상 여건과 유사하여 일조량이 작고, 바람이 강하게 부는 지역이다. 또한 토양표층이 얇고, 산성도가 심한 토양으로 구성되어 있다.

지원하였다. 삼일포협동농장의 밭 4,000평에는 사과 묘목 1,300주를, 2,000평에는 복숭아 묘목 400주를 식재하였다.

양묘협회가 운영하는 평화의 숲 가꾸기 운동에서는 북측 강원도 고성읍 온정리 온정각 휴게소 인근에 100평 규모의 비닐하우스 1동을 설치하여 소나무, 느티나무, 아카시아 등을 양묘하도록 종자와 비닐하우스 자재를 지원하였다.

새천년생명운동본부는 북측 고성군 지역에 연탄을 사용할 수 있도록 아궁이를 개량하는 데 필요한 자재와 기술을 지원하였다.

1) 북측 고성군 지역의 농업, 축산 현황 소개

진길부 조합장이 북측 고성군 금강산 지역에서 활동하던 시기의 북측 고성군 지역 농업, 축산 현황을 소개하면 다음과 같다.

북측 고성군 지역에서 재배되고 있는 농작물은 대한민국(남한)의 산간 지역 어디에서나 볼 수 있는 일반적인 작물이 대부분이다. 북측 고성군 지역에서 보이는 작물은 식량작물, 원예작물, 특용작물, 과수 등으로 나눌 수 있다. 북측 고성군 지역의 식량작물은 벼, 보리, 밀, 옥수수, 메밀, 수수, 조, 콩, 팥, 고구마, 감자이고, 원예작물은 배추, 무, 양배추, 고추이며, 특용작물은 참깨, 들깨이고, 그리고 과수는 배, 복숭아 등이 재배되고 있다.

북측 고성군 지역에서 가장 많이 재배되고 있는 작물은 식량작물, 원예작물, 특용작물, 그리고 과수의 순이다. 남쪽에서 금강산으로 가는 도로 연변에서는 다양한 작물을 볼 수 있다. 대부분의 논에서는 벼를 재배하고, 일부 논에서는 옥수수도 재배한다. 밭에서는 보리, 밀, 옥수수, 메밀, 수수, 조, 콩, 팥, 고구마, 감자 등 식량작물뿐만 아니라 배추, 무, 양배추, 고추, 참깨, 들깨 등 다양한 작물도 재배하고 있다.

북측 고성군 지역에서 시행되고 있는 영농 방법, 축산 관련 상황 가운데 파악된 것 몇 가지를 소개하면 다음과 같다.

첫째, 육묘장을 설치하여 공동으로 이용하고 있다. 벼와 옥수수는 직파보다는 육묘하여 이앙하거나 이식하는 방법으로 재배하고 있다. 옥수수 육묘는 퇴비와 상토로 만든 '영양단지'에서 발아시킨 후 본포에 이식하는 방식이다. 이러한 방법은 퇴비 부족을 해소하고, 다수확을 할 수 있는 목적이 있는 것으로 보인다. 육묘장은 볏짚이나 싸릿대로 엮은 방풍벽을 사면에 세워 외풍을 막아 온도를 높여 어린 묘의 생육을 촉진시키는 시설로 운영되고 있다.

둘째, 북한에서는 논에 객토를 시행하고 있다. 논에는 객토용 흙무더기 또는 거름더미가 보였으며, 밭에는 거름무더기가 보였다. 객토용 흙무더기 속에는 썩지 않은 퇴비가 군데군데 보였다. 객토는 토양개량과 농지에 유기질을 공급하기 위한 것이다. 그러나 유기질의 상태는 양이 적고 질이 비교적 조악해 보였다.
이 밖에도 농지에 유기질을 공급하기 위해 북고성군 온정리의 온정각 등 금강산 관광과 관련된 시설에서 나오는 분뇨를 소형 분뇨 수거차로 수거하여 인근 농지에 살포하고 있었다.

 셋째, 북측 협동농장에서는 소와 쟁기로 경운 작업을 진행하고 있다. 고성군 지역의 대규모 협동농장은 주로 트랙터 등 농기계로 작업을 하지만, 최근에는 소와 쟁기로 논과 밭을 경운하는 사례가 증가하고 있다. 이는 협동농장 출범 당시 보급된 러시아제 대형 농기계가 노후화하여 폐기되었고, 최근 극심한 유류 부족으로 인해 소의 활용도가 높아지고 있기 때문이다.

 소를 이용한 농작업 방법은 1마리를 이용하는 방법과 2마리를 이용하는 방법으로 나뉜다. 논밭을 깊게 경운할 경우에는 소 2마리를, 얕게 경운할 경우에는 소 1마리를 이용한다.

 넷째, 북측 고성군 지역에서는 주로 농지가 습지이거나 재포 기간이 긴 작물은 일모작으로 재배하고, 그렇지 않은 경우는 이모작으로 재배하고 있다. 고성군 지역의 이모작 작물로는 주로 옥수수와 콩이 있으며, 옥수수를 앞그루로 재배하면 보리, 밀, 무, 배추를 뒷그루로 재배한다. 콩을 앞그루로 재배하면 무와 배추 등 채소를 뒷그루로 재배하고 있다. 금강산 관광 도로 주변 농지에서는 벼, 옥수수, 콩 등 다양한 농작물이 재배되고 있다.

 북측 고성군 지역의 이모작 작부 체계는 앞그루 파종 시기가 5월 상순에서 6월 중순, 뒷그루 파종 시기는 10월 상순에서 하순이다.

앞그루 재배 작물로는 옥수수, 콩, 보리, 밀, 무, 배추무, 배추 등이 있고, 뒷그루 작물인 보리는 10월 중하순에 파종된다. 보리의 수확량은 가뭄이 없을 경우 좋지만, 가뭄이 들면 거의 수확이 없다고 한다. 북한 지역에서 보리는 식용, 엿기름, 약용 등으로 사용되며, 밀은 국수, 수제비 등을 만드는 데 이용된다.

밭에서는 옥수수를 조기에 수확한 뒤, 뒷그루로 보리와 밀을 파종하며, 비교적 밀식하여 재배한다. 밭고랑의 폭도 상당히 넓게 되어 있다.

다섯째, 북한은 경제 침체와 식량난이 가중되면서 1997년의 가축 사육 규모가 1990년의 절반 수준으로 떨어졌다. 이러한 상황에서 북한은 축산업을 진흥시키기 위해 초지 조성과 함께 초식 가축 사육을 중심으로 하는 축산 정책으로 전환하였다. 북고성 지역에서 관찰되는 가축의 수도 2000년 이후 해마다 증가하고 있었다.

북한에서 소는 주요한 생산수단이기 때문에 국유 재산이며, 돼지나 염소 등 소동물은 국유가 아닌 경우가 많다. 소는 국유이기 때문에 엄격히 관리 되지만, 돼지, 염소, 토끼, 닭, 오리, 개 등은 사적 소유가 가능하며, 개인이 사육하여 판매할 수 있다.

따라서 북한에서 소는 방목해도 도난당할 염려가 없다고 한다. 북한에서 소를 훔쳐 잡아먹다 발각되면 대부분 사형에 처해진다고 한다.

여섯째, 북한에서 돼지는 농장, 군부대, 개인 등이 사육하고 있다. 농장과 개인이 사육한 돼지는 도축하여 정부에 수매하거나 농민시장, 장마당 등에 판매하고, 군부대에서 사육한 돼지는 부대 급식용으로 사용된다. 당시 고성양돈농장에서 돼지가 출하되어 이 지역의 육류 수급에 많은 도움이 된다고 현지 인사가 전했다.

북측 고성군 지역의 농촌에서는 소, 돼지, 염소, 토끼, 닭, 오리, 개 등을 사육하고 있다. 고성군 지역 어디서나 띄엄띄엄 소, 염소, 돼지 등이 방목되는 것을 볼 수 있다.

북한의 돼지 사육은 주로 농후사료가 부족하기 때문에 산야초, 쌀겨, 보릿겨 등 농산부산물과 잔반을 사료로 이용한다. 풀과 농산부산물 등 조 사료는 돼지죽으로 쑤어 급여하고 있다.

일곱째, 육류 수입국인 북한은 2003~2008년 당시 많은 양의 돼지고기를 중국으로부터 수입하고 있었다. 중국으로부터의 돼지고기 냉동 수입량은 2001년에 4,242천 달러에서 2002년에는 8,876천 달러, 2003년에는 55,676천 달러에 달했다. 2001년을 기준으로 2003년에는 13배 증가한 것이다. 이러한 추세를 감안할 때, 2004년에는 북한이 중국으로부터 수입하는 돼지고기 수입액이 1억 달러 이상일 것으로 추정되었다.

이 사실을 알게 된 진길부 조합장은 남한 돼지고기를 북쪽에 반출(수출)하는 문제를 심각하게 고민하게 되었다. 당시 북한의 실정에서는 평양특별시 인근 가정집에서나 냉장고를 보유하고 있었고, 대부분의 지역에서는 가정집에 냉장고가 없는 상황이었기 때문에 돼지고기를 북측에 보내도 냉장 보관할 수 없었다.

진길부 조합장은 이러한 상황을 해결하기 위한 방법으로 통조림 돼지고기를 생각해 냈으나, 그의 생전에는 통조림 돼지고기가 출시되지 못했다. 그러나 2025년 현재 도드람양돈조합에서는 돼지고기 통조림이 출시되어 절찬리에 판매되고 있다.

2004년 북한동포돕기 돼지고기통조림 10,000개 보내기 모금운동 사진

여덟째, 염소 등 기타 가축 – 북한 금강산 일대에서는 흰 염소를 자주 볼 수 있는데, 이는 사료 부족을 해결하기 위해 방목하고 있는 것으로 보인다. 일반적으로 염소는 젖과 고기를 목적으로 사

육하는 흰 염소와 고기만을 목적으로 사육하는 검은 염소 두 가지 종류가 있다. 북측에서는 검은 염소보다 흰 염소를 선호하는데, 이는 흰 염소가 더 많은 양의 젖을 생산하기 때문이다. 흰 염소의 정확한 우유 생산량은 알 수 없지만, 많은 양의 우유를 생산한다고 한다.

염소 외에도 주로 토끼, 닭, 오리, 개 등을 사육하고 있다.

2) 북한 고성군 농기계 현황 (남새온실농장 사례)

2001~2008년 당시 북고성군 남새온실농장이 보유하고 있던 농업용 장비에는 농기계, 운반용 짐차, 기타 장비 등이 있었다. 농업용 농기계는 관리기 3대, 경운기 2대, 고압 분무기 1조, 파종기 1대를 보유하고 있었다. 운반용 짐차는 2.5톤 트럭 1대, 0.8톤 트럭(6인승 일제) 1대를 보유하고 있었으며, 기타 장비로는 퇴비 절단기 1대와 양수기 등이 포함되어 있었다.

고성 남새온실농장이 보유한 농업용 장비에는 다음과 같은 문제점들이 있었다.

첫째, 관리기 3대가 고장 나 있으며, 부속품이 없어 수리를 못 하고 있다.

둘째, 2.5톤 트럭은 수리가 불가능하여 운행에 어려움이 있다.

셋째, 기계 운행에 필요한 연료가 부족하여 다양한 농기계를 충분히 사용할 수 없다.

넷째, 경운기 트레일러에 구동장치가 없어 사용에 불편함이 크다.
다섯째, 온실의 관수시설과 자재가 많이 파손되거나 고장 나 있다.
이러한 문제점을 개선하기 위해 다음과 같은 조치가 필요하다.

첫째, 관리기의 부속 기자재와 경운기 부속의 지원이 필요하다.
둘째, 2.5톤 트럭의 엔진을 남측으로 가져가서 수리하는 방안을 강구하여야 한다. (당시에는 가능했던 방식)
셋째, 관리기용 휘발유와 경운기용 경유의 지원방안, 구동장치가 있는 트레일러 반입을 추진하는 방안을 마련하고, 관수시설을 점검하고 보수하여야 한다.

3) 북한 고성군 성북리 양돈농장 지원

2000~2001년 고성 남새온실농장의 운영에서 나타난 문제는 온실농장의 토양이 유기질비료 부족으로 척박한 것을 어떻게 해결하여 지력을 증진시킬 것인가 하는 것이었다.

2002년 4월부터 고성 남새온실농장의 지력 향상을 위한 유기질 투입 방법으로 축산 도입과 사료 지원 문제를 북측과 협의하기 시작하였다.

협의 과정 초기에 남측의 가축분 퇴비를 제공하겠다는 제안에 대해 북측은 남측의 가축분 퇴비를 쓰레기라는 인식 때문에 거부하였다.

남북 양측은 협의 끝에 금강산 지역에서 돼지를 키워 그 부산물인 돼지분뇨로 퇴비를 생산하는 방안을 채택하였으나, 돼지 사료 확보가 문제였다.

이러한 문제가 제기되자 진길부 조합장은 도드람조합 차원에서 1년간 사료를 지원하기로 내부 방침을 정하고 통일농수산포럼과 북측에 통보하여 돼지 사료 지원 문제가 해결되었다.

진길부 조합장(도드람양돈농업협동조합)이 사료 지원을 결정한 동기는 다음과 같다.

첫째, 고성 남새온실농장의 지력 증진을 위한 유기질비료 공급의 일환으로 양돈장을 운영하고자 한 것이다.

둘째, 양돈업 분야에 대한 남측의 기술지원을 이끌어 내기 위해서이다. 셋째, 민간 차원의 남북 양돈업 교류 확대를 목적으로 하였는데, 이는 대부분 진길부 조합장의 철학을 이해한 도드람 조합원들의 동의가 있었기 때문이다.

이러한 결정에 따라 2003년 상반기에 '고성양돈농장'이 북측 강원도 북고성군 고성읍 성북리 소재 협동농장에 설치되었고, 2003년 7월부터 40~50두 정도의 돼지를 사육할 수 있는 사료를 진길부 조합장이 조합장으로 있던 남측 '도드람양돈농업협동조합'에서 공급하면서 양돈농장 사료 지원을 시작하여 2010년 종료 시까지 계속 지원한 것이다.

당초에 고성 양돈농장은 고성 남새온실농장에서 운영하도록 계획하였으나, 최종적으로는 북측 고성군 인민위원회에서 다른 단체인 금강산관광 총회사에 운영을 맡긴 것으로 보인다. 따라서 실제로 고성 양돈농장에서 생산되는 퇴비가 고성 남새온실농장에 투입되지 못하고 다른 농장에서 사용되고 있는 것으로 보인다.

고성 양돈농장의 설립 당시, 농장의 입지를 고성 남새온실농장 내에 설치하는 것으로 계획하였다. 그러나 양돈농장에서 발생하는 파리 등이 온실 작물에 유익하지 못하고, 남새온실농장 내에서 돈사를 지을 수 있는 위치는 바닷가의 약간 습한 곳뿐이라는 점을 고려하여 남새온실농장에 돈사를 설치하지 않는 것으로 최종 결정되었다.

북측 북고성군 성북리 협동농장의 양돈장은 전체 부지면적이 약 1,200평 정도이며, 2002년 당시 축사 시설은 30여 평 규모의 시멘트 단층 구조의 돈사 1동과 부속사 1동으로 구성되어 있었다. 2005년에 120평 규모의 축사로 신축 완공되었다. 그밖에 농장의 주요 시설은 급수탑, 축산분뇨 정화조, 그리고 경운기 등이 있었다.

양돈농장 앞에는 축산분뇨 정화조가 설치되어 있었는데, 수세식 축분 처리시설로 이용되고 있다.

2003년 7월에 고성 양돈농장(성북리 양돈장)은 약 40두의 돼지 사육으로 시작하였다. 2003년 11월에는 모돈 3두, 자돈 44두로 총 47두가 사육되었고, 2003년 말~2004년 초에 일부 출하되었다. 2004년 6월에는 모돈 7두를 포함하여 후보돈, 새끼돼지, 젖먹이 돼지 등 총 45두의 돼지가 사육되었으며, 2004년 8월에는 총 60두, 2005년 9월에는 총 80두가 사육되고 있었다.

2004년에는 통일농수산사업단 차원에서 축사 시설과 관련 기자재를 공급하였고, 그 일환으로 남측 종돈회사인 다비육종에서 2005년 10월 남측 종돈 26두가 도입되고 남측 방식의 돼지 사육 방식이 본격적으로 북한 지역에 접목되었다.

2006년 4월 7일, 남측 종돈으로부터 북한 땅 금강산 지역에서 교배되고 임신된 모돈으로부터 새끼돼지 11두가 태어나 '금강산 통일돼지'로 명명되어 홍보지에 실리는 영광을 얻었다.

통일돼지 사진

성북리 양돈장의 돼지는 2006년 12월에 220두 규모로 늘어났고, 2007년 12월에도 240두 규모를 유지하여, 2008년과 2009년에도 240여 두를 꾸준히 유지하며 사육되었다. 이러한 사육 방식은 2010년 5월 남측 정부의 양돈 사료 공급이 중단될 때까지 유지되었다.

2010년 이후 진길부 조합장은 금강산 협동농장의 돼지 소식이 궁금하여 자주 현대아산 사무실이나 통일농수산사업단 활동을 하던 김준영에게 문의하였다. 진길부 조합장은 북측 돼지가 잘 있는지 물었다. 2015년까지는 현대아산 측에서 최소 인원이 북측 금강산 지역에 있었기 때문에 농장 현장에는 직접 가보지 못해도 협동농장의 돼지들은 잘 있다고 확인해 주었다.

고성 양돈농장에서 2004년까지 사육하던 북한 돼지 품종은 최근에 육종된 것이 아니라 옛날에 육종된 품종이다. 돼지의 색깔은 흰색, 검은색, 검은 반점이 있는 종류들이었는데, 2004년 10월 대한민국 정부의 검역을 통과한 디비육종 종논을 공급하면서 현대식 종돈인 랜드레이스와 요크셔, 그리고 웅돈인 듀록종이 접목되었다.

북한 강원도 지역에서는 이전에 모돈두당 8~9두 정도 새끼를 낳았던 것에서 모돈두당 11~13두로 늘어나게 되었다. 양돈농장의 돼지 사육은 남측에서 기술을 지도한 현대적인 사육 방법, 즉 사료와 함께 자동 급수장치인 Nipple을 이용하여 물을 공급하는 방식을 사용하고 있다.

양돈농장에 사료를 지원하는 도드람양돈농업 진길부 조합장의 사료지원과 관련한 경험담을 소개한다.

2003년 7월부터 도드람양돈농업협동조합이 고성 양돈농장에 사료를 지원하면서 사료 급여 방법에 대해 북측과 상당한 견해 차이가 있었다.

남측이 제시한 현대적 사료 급여 방법은 돼지에게 마른 사료를 주고, 마른 사료를 급여할 때 반드시 Nipple을 이용하여 물을 공급하는 것이었다. 그런데 북측 양돈 관계자들은 왜 돼지에게 사료를 줄 때 돼지죽으로 끓여 주지 않고 마른 사료와 맹물만 주느냐며 항의하였고, 이를 설득하는 데 어려움이 있었다.

현재도 북측의 일반인들은 돼지 먹이로 풀과 겨 등을 끓여 급여하고 있다. 남측에서 현대적 사료 급여 방법을 설득한 후, 물을 공급하는 Nipple 등의 급수시설을 설치하려고 하였다. 그러나 급수시설에는 전기가 필수적이었는데, 전기를 끌어오는 것이 매우 어려웠다.

북측에서 새끼 돼지의 이유는 보통 생후 40~60일경에 이루어지며, 젖먹이 돼지사료는 생후 50~60일 이후부터 급여하며 그 이전에는 급여하지 않는다. 돼지는 현대적인 사료와 급여 방법으로 사육하면 이유 후 보통 3개월 만에 50~60kg 정도 자라지만, 북한의 종전 방법으로는 7~12개월 정도 길러야 50~90kg 정도 자란다.

남측에서 1년 동안 사료를 지원한 결과, 마른 사료와 물만 먹여도 돼지가 3개월 만에 50~60kg 정도 자라는 것을 북측 양돈 관계자가 직접 보고 확인하였기 때문에 남측의 현대적 양돈 기술에 대해 신기하다고 하였다.

북측 양돈농장의 축사는 매우 청결하게 관리하고 있으며, 겨울철에는 새끼돼지 때문에 연탄 화로 등으로 난방을 하고 있었다.

남측에서 지원한 사료로 기른 돼지를 어떻게 처분하느냐고 물었더니, "남측에서 무료로 지원받은 사료로 기른 것이기 때문에 팔지 않고 양로원, 유아원, 학교 등에 공급한다"라고 하였다.

양돈농장에서 사육한 돼지고기를 현대아산㈜에서 구입을 시도하였었다. 그러나 돼지 도축장 도축 기술의 부족으로 부위별 등급 분류가 되어 있지 않을 뿐만 아니라 털이 덜 벗겨지는 등 정육 구분이 잘 되지 않아 현대아산㈜의 식당 주방에서 납품받기를 꺼려 결국 추진되지 못하였다.

앞으로 남북 농업교류가 활성화된다면 북측이 생산하는 돈육의 고급화와 질적 개선을 위해 남측의 현대적 도축 기술을 전달하고 교육할 필요가 있다.

고성 양돈농장의 운영은 명목상 북측 고성군 인민위원회에서 담당하고 있었으나, 실질적인 농장 관리는 북측 금강산관광총회사가 맡고 있었다. 양돈농장의 관리조직은 2003년까지는 2명의 농장관리인이 관리하다가 2005년부터 4명으로 증원되었고, 2006년부터는 김준영 원장의 강력한 요청에 따라 농장관리 수의사 1명이 충원되어 총 5명으로 관리되고 있다. (2005년에 4명 직원, 2006년부터 북측 수의사 1명-원산농대 축산수의학과 졸업생- 추가)

고성양돈농장의 협력 방식은 북측과 남측이 각각 역할을 분담하였다. 북측은 돼지와 축사를 제공하고, 남측은 도드람양돈농업협동조합에서 시설 자재와 사료를 지원하였다. 사료는 1년간 지원하고, 계속 지원 여부는 1년 후 다시 협의하여 결정하기로 하고 양돈을 시작한 것이다.

남측의 도드람양돈농업협동조합에서는 당초 어미돼지 5두 기준으로 자돈 50두가 번식될 것으로 예상하여, 매월 120포(3톤)의 사료를 2주마다 한 번씩(60포) 월 2회로 나누어 지원하고 있었다. 지원하는 사료는 주로 젖먹이 돼지와 젖 뗀 돼지용 사료(도드람 3호)였으며, 이는 현대아산(주)을 통해 수송하고 있었다.

2004년 7월 말로 1년간의 지원계약이 만료됨에 따라 북측과 새로운 조건을 협의하였다. 그 결과, 양측은 고성양돈농장을 투명하게 경영하고, 양돈농장의 각종 통계를 남측에 제공하는 조건에서 종전과 같은 양의 사료를 계속 공급하는 것으로 합의하였다. 이 원칙에 따라 매년 갱신하여 2010년 5월까지 계속 지원되었다.

북한 강원도 지도

금강산 - 북한 강원도 고성군 지역

금강산 외금강. 2005-7년도 사진들

금강산 외금강, 해금강, 삼일호 모습들

금강산 외금강, 해금강, 삼일호 모습들

4) 진길부 조합장과 함께한
   북고성군 농업협력사업의 평가

고성 남새온실농장에서 경영에 대한 자료를 공개하지 않기 때문에 구체적인 내용을 알 수 없다. 그러나 농장과 관련하여 알려진 몇 가지 사항을 보면 다음과 같다.

첫째, 고성 남새온실농장의 지원은 농장의 경영 위기를 극복하는 데 기여하였다.

둘째, 고성 남새온실농장 구성원들의 소득향상에 기여하였다. 온실농장 지배인의 월급이 북측 일반 봉급자의 5배 수준이라고 한다. 또한 온실농장에서 일하는 노동자의 임금은 인근 농장의 노동자 임금의 2배가 넘는다.

셋째, 고성 남새온실농장은 농장의 수입에서 400만 원(북한 화폐 단위 기준)을 저축하였으며, 이 중 100만 원을 북측 고성군 인민위원회에 기증하였다.

넷째, 고성 남새온실농장의 지원은 농장의 영농 기술 향상과 생산성 증대를 통해 남북 간의 신뢰 구축에 기여하였다. 온실농장 관계자들은 남측의 농업 자재 지원과 많은 농업 전문가들의 기술지도로 생산능력이 크게 향상되었고, 나아가 북측 고성군 농업 발전에도 크게 도움이 되었으며, 이러한 남측의 도움에 대해 감사하다고 하였다.

다섯째, 북측의 농업을 이해하는 데 기여하였다. 고성남새온실농장에 농업 자재, 시설, 기술을 지원함으로써 시설 채소 재배 기술이 어느 정도 보급·정착되었으며, 이 온실농장의 종사자들은 물론 북측 고성군의 경제와 주민의 식생활 향상뿐만 아니라 양측의 신뢰 구축에도 기여하였다고 할 수 있다.

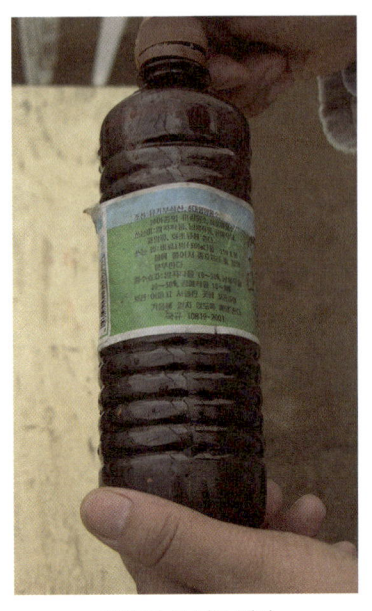

돼지분뇨로 만든 액비
– 북측에 실물로 전달해준 모습

그러나 고성남새온실농장이 앞으로 해결해야 할 과제는 다음과 같다.

첫째, 토양의 유기질비료 부족 문제 해결이다.
둘째, 영농계획 수립을 통한 농산물 생산 효율화이다.
셋째, 생산 농산물의 상품성 제고와 판로 확대 문제이다.
넷째, 비육돈 출하 체계 효율화이다.
다섯째, 병해충 방제 문제이다.
여섯째, 농장의 자생력 확보이다.
일곱째, 시장경제 도입과 농장경영의 효율성과 투명성 확보이다.

5) 북한 고성군 성북리, 금천리, 삼일포리의 양돈장 지원사업 평가

첫째, 성북리 양돈장 지원 초기 목적인 유기질 퇴비의 생산/공급에 기여하고 있다.

둘째, 최신 종돈 공급과 첨단 양돈기술을 북측에 전수하고 소개하여 앞으로 북고성군 지역의 양돈업 발전에 크게 기여하였다. - 종돈, 인공수정 기술을 통해 다수 양돈장에 보급 등.

셋째, 돼지를 다른 동물 특히 오리, 닭 등 조류와 함께 기르면 가축 질병이 서로 전염되기 때문에 안 된다는 것을 인식시켰다.

넷째, 양돈에 있어 청결과 위생, 그리고 돼지 질병에 대한 방역 의식을 고취시켰다.

다섯째, 양돈에 있어 사육 일자, 사료 급여, 방역, 체중 계량 등 돼지 사육과 관련된 일지 등 자료 기록의 중요성을 인식시켰다.

여섯째, 북측과 남측의 양돈(용어, 질병명 등의 차이점)을 이해하는 데 기여하였다.

일곱째, 남측과 북측이 양돈사업을 함께하면 서로 이득이라는 점을 인식시켰다.

결론적으로, 금강산 3개소 양돈농장에 사료와 축산 기자재, 기술을 지원함으로써 남측의 양돈 기술이 어느 정도 보급·정착되었다. 이로 인해 양돈농장 종사자들의 생활이 향상되었고, 미미하지만 북측 고성군 주민의 생활 향상에도 기여하였다. 또한 북측 양돈을 이해하는 데도 기여하였다고 할 수 있다.

그러나 북고성군 양돈농장이 앞으로 해결해야 할 과제는 다음과 같다.

첫째, 남북 관계 복원을 통한 교류 정상화.
둘째, 교류 정상화 시 남측 사료의 안정적이고 적기 공급 체계 확립.
셋째, 지속적인 돼지 품종 개량과 생산성 향상 및 규모 확대.
넷째, 원산 인근 도축장 설립 등을 통한 돈육 상품성 제고와 판로 확보.
다섯째, 시장경제 도입과 농장경영의 효율성과 투명성 확보.

북고성군 농업협력사업은 남북한 농업교류 협력사업의 시범 모델이었다. 따라서 남북한이 농업교류를 재개한다고 하면 '북고성군 관광특구' 계획에 '농업특구화'를 병행하도록 하여, 북고성군 농업협력사업을 북한 농업 재건 및 발전을 위한 남북 농업교류협력사업의 시범 모델로 발전시키는 방안이 강구되어야 한다.
북측 고성군 지역에서 원활한 농업교류협력사업을 위한 기본조건은 이미 현대아산㈜에 의해 갖추어지고 있었다. 물자 및 인력 이동이 용이하며, 그동안 북고성군 농업협력사업으로 북측 고성군 관계자와의 신뢰가 구축되어 있고, 육로관광에 따른 농산물 소비가 확대될 전망이며, 지원 성과를 가시적으로 확인할 수 있고, 인근지역으로 협력사업의 확대도 가능하기 때문이다.

이러한 여건에서 앞으로 북고성군 농업협력사업의 발전 방향은 단기 방향, 중기 방향, 장기 방향의 3가지로 요약할 수 있다.

첫째, 단기적인 방향은 고성 남새온실농장의 운영 정상화이다. 고성 남새온실농장의 운영을 정상화하기 위해서는 농장의 유기적 순환관계 정립, 경영의 정상화, 현장 인적 교류의 확대, 남북 농업협력 관련 연구사업 추진, 농장 단위 협력에 대한 교법 작성 등이 필요하다. 이에 대한 중심적 역할은 '북고성군 농업협력단'이 추진하여야 한다.

둘째, 중기적인 방향은 농업협력사업을 북측 고성군 내의 타 협동농장으로 확대하는 것이다.

농업협력사업을 북측 고성군 내의 타 협동농장으로 확대하기 위해서는 2~3개 식량생산 농장과의 교류·협력, 협동농장 단위의 농업생산 정상화 지원, 축산단지의 협력 추진, 대단위 지역 농업협력의 가능성 타진 등이다. 이는 남북 농업교류 협력단체와 기관이 협력하여 추진하여야 한다. 셋째, 장기적인 방향은 '북측 고성군의 농업특구화' 추진이다.

북측 고성군을 '농업특구'로 만들기 위해서는 북측 고성군의 '관광특구' 지정 시 농업협력 거점화 추진, 지역단위 농업협력사업으로 확대, 농업생산 및 농촌개발계획 수립, 지원·연구·경협을 포함한 종합적인 협력 모델의 개발 등이다. 이에 대한 중심적 역할은 정부와 남측 강원도가 적극적으로 참여하고 추진하여야 한다.

이러한 방향에 입각하여 북고성군 농업협력사업의 과제는 다음과 같다.

첫째, 일방적인 지원을 지양하고, 벤치마킹과 동기 부여를 통해 북측의 자생적인 노력을 유발시켜야 한다.

둘째, 고성 남새온실농장, 양돈장과 지속적으로 교류하고 협력하되, 남한의 지원 주체의 일관성을 유지하여야 한다.

셋째, 농업 기자재의 지원에서 유통·경영 기술의 지원으로 발전시키고, 인적교류를 확대하여야 한다.

2006년 남북벼농사 비교 시범사업지 앞에서 진길부와 그 일행

넷째, 농업 지원사업 이외에 북고성군 농업협력에 대한 연구사업도 추진하여 남북 농업교류 협력사업의 시범으로 모델화하여야 한다.

다섯째, 앞의 중장기 발전계획으로 나가기 위해 지속적인 교류와 인적 관계를 확립하여 양측의 신뢰를 구축하여야 한다.

여섯째, 북고성군 농업협력사업의 성과를 북한농업 전체로 확산시키는 방법론을 모색하여야 한다.

2006년 남북벼농사 비교 시범사업지 앞에서 진길부

금강산지역 금강송

외금강호텔 앞에서 진길부

금강산 성북리 양돈장 북측 금강산총회사 대표, 북측 수의사 모습

남측 종돈을 보내주어 감사를 표하는 북측 대표(다비육종 대표와 악수하는 북측 금총 대표)

북한 원산종합대학 출신 수의사(검역관)와 남한(대한민국) 수의사(강원대학교 수의대 교수)

북측 성북리 양돈장에서 설명하고 있는 진길부(2006)

북측 금강산 식당 여직원과 진길부(2006)

금강산 관광시절 가장 인기 많았던 교예기술단 공연 모습(2007)

금강산 옛 돼지 막사

금강산 옛 돼지 막사

금강산 모습

북한 금강산 지역에 있는 옥류관 모습

평양에 남북합작 양돈장을 추진하다
- 평양 편

2007년 11월 25일, 진길부 조합장과 김준영 수의사를 비롯한 15명의 대한민국 남측 '남북합작 양돈장 건립을 위한 대표단'(이하 남측 대표단)은 조선민주주의인민공화국, 즉 북한 평양으로 가기 위해 서울 외교부 공관에 모였다.

대표단은 서울 외교부 모처에서 북한 방문 관련 교육을 받았다. 통일부 직원의 북한 실정에 대한 간략한 소개와 방북 시 주의사항, 즉 김일성·김정일 부자에 대한 언급 자제, 북한 사람들과의 대화나 식사 시간에 오해하기 쉬운 일 등 여러 주의사항에 대한 것들이었다.

교육을 받으면서 모처럼 농업 분야에서 남한과 북한이 큰 합의를 하였으니, 반드시 성취하는 것이 좋겠다는 통일부 교육 담당자의 의견도 있었다. 외교부 청사에서의 통일부 직원들의 환송을 받으며 남측 대표단은 인천공항으로 가서 중국 북경행 비행기에 올랐다.

서울 김포공항에서 북한 평양 순안공항까지는 비행기로 30분이면 도달할 거리이지만, 2007년 11월 당시 남북이 직항로 개설에 부담이 있었던 시기여서 남측 대표단은 우선 중국 북경으로 가서 북경에 있는 북한 대사관에서 북한 비자를 받고 평양으로 가는 경로를 채택하였다.

물론 한 달 전, 2007년 10월에 노무현 대통령은 승용차를 타고 육로로 판문점을 거쳐 개성, 사리원, 평양으로 가는 방북 길에 올랐다. 그러나 이번 남북합작 통일양돈장 건립을 위한 남측 대표단은 육로가 아닌 중국을 통한 하늘길을 이용하였다. 판문점에서 평양까지는 승용차로 2시간에서 3시간이면 도착할 수 있지만, 당시 남북 관계에서 육로 방북은 거의 없었다.

따라서 북한 평양으로 가는 방법은 북경으로 가서 북경에서 평양으로 가는 비행기를 타는 것이었다. 비행기로 약 2시간 정도 걸려 중국 북경공항에 먼저 도착한 남측 대표단 일행은 가장 먼저 북경에 있는 북한 대사관을 방문하였다.

말로만 들었을 땐 왠지 무시무시할 것 같은 북경 주재 북한 대사관 건물은 의외로 평범히였고, 뜻밖에도 북한 대사관 직원들은 친절하게 남측 대표단 일행을 마중 나와 환대해 주었다.

북한 대사관에 간 이유는 북한(조선민주주의인민공화국) 비자를 받아야만 평양행 비행기를 탈 수 있었기 때문이다. 당시 북한에 들어가기 위해서는 반드시 비자가 필요했고, 북한 비자 없이는 불법 입국자로 간주되어 안내는 고사하고 신분 보장조차 받지 못하는 등 많은 불이익이 있었기에 반드시 북한 비자를 받아야만 했다.

그런데 북한 비자는 중국에서, 그것도 북한 대사관과 영사관이 있는 북경과 심양 두 곳에서만 발급되었기에 북경으로 간 것이다.

북경 주재 북한 대사관 직원들은 대부분 친절했지만, 그 특유의 투박한 북한 말투는 어색하면서도 거칠게 귀에 들어왔다.

북한 대사관에는 컴퓨터 사무 자동화가 되어 있지 않아서인지 대사관 직원이 개인별 인적 사항을 일일이 물어보고, 비자 관련 내용을 파란 잉크로 된 만년필로 직접 수기로 작성했다. 또한, 잉크가 마를 때까지 시간이 오래 걸리니 30~40분 더 기다려 달라는 말을 하였다. 남측 대표단 10여 명이 더 기다리고 있었다.

대부분의 대표단 단원들은 잉크가 마를 때까지 30~40분 걸린다는 소리에 무슨 특수 잉크인가 하며 웅성웅성하고 있었다. 여러 번 북한을 다녀온 통일부 직원은 "아, 북한 비자는 종이에 써 주는데 잉크가 금방 마르지 않아서 시간이 꽤 걸립니다. 기다리고 계시면 어쨌든 조선민주주의인민공화국 비자가 나옵니다"라고 설명하였다.

이러한 주중 북한 대사관에서의 3~4시간 과정을 거쳐 대표단 14명은 조선민주주의인민공화국 비자를 받고 북경 시내 호텔에서 1박 하며 여장을 풀었다.

다음날, 북경에 있는 북경공항에서 북한 평양행 고려항공 비행기를 타고 약 2시간 정도 걸려 평양 순안 비행장에 내렸다. 당시 평양 순안비행장에는 남측 대표단을 환영하는 북측 대표단 일원들이 마중 나와 있었다.

이것이 남북합작 양돈장 건립을 위한 진길부 조합장을 포함한 남측 대표단의 역사적인 북경과 평양 도착 여정이었다.

2001년부터 금강산 관광사업이 진행되는 동안, 진길부 조합장을 중심으로 한 여러 인사들의 노력으로 북고성군 남새온실농장의 유기질비료 공급을 위한 양돈장 건립 지원사업이 논의되기 시작하였다. 2002년 금강산 북고성군 성북리 양돈장 지원사업이 시작되었고, 2003~2004년에는 통일농수산사업단으로 체계를 갖추면서 금강산 지역 농업교류 사업, 즉 돈사 시설 지원, 양돈용 사료 및 기자재 지원 등이 정기적으로 이루어지게 되었다.

2003년 2월 노무현 정부 출범 이후 국가 차원의 남북협력기금을 조성하여 정부 협력사업의 체계를 만들게 되었고, 금강산 일대에는 통일부 차원에서 통일농수산사업단이 만들어지면서 남북한 농업교류의 민간 조직체가 형성되었다.

진길부 조합장은 통일농수산사업단에 이사로 참여하면서 양돈협력위원회 위원장 역할을 흔쾌히 맡아 진행하였다. 양돈협력위원회 회원으로는 윤희진 다비육종 대표, 김준영 수의사, 이태헌 국장, 윤인중 중앙백신 대표, 박종대 대표 등이 있었다.

2004년 이후로는 통일농수산사업단 차원에서 북고성군 성북리 양돈장에 남측 종돈이 공급되고, 진길부 조합장이 중심이 되어 공급한 도드람 사료가 정기적으로 지원되었다. 남측 종돈과 남측 사료, 남측 사양 관리 방식이 접목되어 태어나서 6개월 만에

90~110kg이 넘는 돼지가 속속 출하되자 북한 금강산개발지도총국 등 간부급 인사들의 양돈업에 대한 태도가 달라지게 되었다.

진길부 조합장과 윤희진 다비육종 대표, 김준영 수의사 등이 참여하는 통일농수산사업단 양돈협력위원회는 북한 금강산개발지도총국의 의견을 수렴하고, 통일부의 협조와 남측의 여러 민간단체의 도움을 받아 2005~2006년 북고성군 금천리에 있는 금천리협동농장에 600두 사육 규모의 종돈장을 건립하고 순종돈 60여 두를 입식시켰으며, 2006년 말에는 상시 400두로 규모가 증가하였다. 같은 해 삼일포리협동농장에 200두 규모의 비육 전문 양돈장을 건립하게 되었다.

북측 금강산관광총회사는 이러한 남북 농업교류의 주요 주체 역할을 수행해 왔는데, 2006년부터는 명승지개발지도총국으로 확대 개편되었다. 명승지개발지도총국은 금강산 지역뿐만 아니라 개성 지역 관광까지도 사업영역을 가지고 있었으며, 그 관할 지역인 황해남도 개성시 봉동읍에도 양돈장 건립 요구를 강하게 하였다.

2007년 초 북측 황해남도 해주시 봉동읍 봉동협동농장에도 이른바 '개성 봉동 남북합작 양돈장'을 건립하게 되었다.

이러한 금강산과 개성 지역의 농업 관련 남북합작 양돈장 건립 사업은 북측의 농업성 고위층에도 알려지게 되었고, 2007년 8월에 예정되어 있던 노무현 대통령과 김정일 위원장의 남북정상회담 의제로도 올라가게 되었다. 남북정상회담은 2007년 8월경 태풍 수해 피해로 2개월 늦춰진 2007년 10월 2일부터 4일까지 열리게 되어, 이른바 '10·4 선언'으로 불리는 제2차 남북정상회담에서 '남북농업협력을 활성화하자'라는 큰 의제가 논의되었다.

진길부 조합장의 농업교류 관련 노력이 남북한 농업계 고위층에도 알려지고, 마침내 남한의 노무현 대통령과 북한의 김정일 국방위원장 정상들에게도 각인되었던 것이다. 2007년 10월 남북정상회담 직후, 그 후속 조치로 북한 평양 인근에 남북합작 양돈장을 건립하는 것을 골자로 남북은 이재정 통일부 장관과 김양건 통일전선부 장관 명의로 합의문을 작성하게 되었다.

2007년 10월 남북정상회담 후속 조치로 북한 평양 인근에 5,000두 규모의 남북합작 양돈장을 만들기로 결정된 이후, 남한과 북한은 각각 관련 대표단을 꾸리고 북한 측이 남측 대표단을 평양에 초청하면서 남측 대표단이 2007년 11월 26일 평양에 도착하게 되었다. 이는 수년간 남북농업 교류를 헌신적으로 진행해 온 진길부 조합장의 혁혁한 역할과 공로라고 할 수 있다.

남북합작 양돈장을 건립하기 위한 대표단의 전체 여정은 통일부 인도지원과에서 남측 대표단 15명을 선정하면서 시작되었다. 통일부에서 15명의 대표단을 구성하면서 민간 전문가 8명, 정부 관계자 7명으로 결정하고, 민간인 참여자 중에서는 북한 양돈장 건립과 실제 지원을 해온 진길부 조합장이 1순위 대표단원으로 선정되었다.

통일농수산사업단 차원에서는 이태헌 국장과 김준영 원장이 참여하였고, 부경양돈조합, 하림사료의 부사장, 박봉균 서울대 수의대 교수 등이 민간 전문가로 참여하였다.

서울 외교부 모처에서 시작된 남측 대표단 단원들의 상호 간 인사 시간에서부터 진길부 조합장은 이번 "양돈장 건립사업을 반드시 성사시키자"라고 누누이 설명하였고, 남측 대표단의 분위기는 진길부 조합장이 대부분 이끌었다.

남측 대표단에서 당시 61세로서 나이도 가장 연장자였고, 남북 합작 양돈장 건립은 진길부 조합장의 남북농업 교류의 꿈 그 자체였기 때문에 처음 만나는 대표단원들에게도 열정적으로 본 사업이 성공해야 한다고 분위기를 만들었다.

북경 북한대사관에서 비자 발급절차 중 일행과 함께

대표단이 단체로 북경에 있는 북한 대사관에 들렸을 때도 북측 대사관 직원이 진길부 조합장에게 "왜 평양에 갑니까?"라고 물어보니, 진길부 조합장은 "남북합작 돼지고기를 만들려고 갑니다. 이제 곧 남북합작 양돈장이 생길 테니 앞으로 남북합작 돼지고기 많이 먹게 될 겁니다"라고 답변하던 진길부였다.

북한 주중국 대사관을 배경으로 대표단원끼리 사진을 찍고 북한 대사관이 발행한 한 장짜리 비자에 신기해하던 일이 생생하다.

북경공항에서 북한의 고려항공 비행기를 타게 되었는데, 상대적으로 작은 크기의 비행기였다. 상냥스러운 북한 안내원의 안내를 받으며 고려항공 내부에 들어서 보니, 중앙 복도가 있고 복도 양측에 2인석씩 좌석이 배치되어 있었다. 전체 좌석 수는 약 240~250개 정도 되어 보였고, 안내원에게 물어보니 복도에까지 타게 되면 300명도 싣는다고 하였다. 고려항공 안내원의 로농신문 제공가 단물(음료수) 서비스를 받고 대표단원들과 대화를 하다 보니 어느새 북한 영공이 나타났고, 이윽고 곧 평양공항에 도착한다는 안내방송이 있었다.

북한식 단물을 마시고 북한 신문 일부를 보면서 비행기 창문 밖으로 보이는 북한 땅을 보고 있는 사이에 비행기는 평양 순안 비행장에 내려앉았다.

평양특별시 북쪽 구역에 있는 평양 순안비행장은 남한의 청주 국제공항 정도의 면적에 비행기도 4~5대뿐인 작은 규모의 국제공항이었다. 북한 평양공항에는 항공기 정기 노선으로 (1) 중국 북경-평양 노선 (2) 중국 심양-평양 노선 (3) 러시아 블라디보스토크-평양 노선, 이렇게 3가지 노선이 있었다.

아무튼 평양 순안공항에서 짐을 찾고 북한 측이 제공한 버스에 올라타 평양시 중심에 있는 대동강변 양각도 호텔로 향했다. 북측 보위부에서는 남측 대표단이 가지고 있던 핸드폰도 압수하지 않고 가져가게 하였다. 대신 주변 경치 촬영은 안 된다고 주의를 주었다.

평양 순안 비행장에 도착한 직후 진길부와 그 일행

진길부 조합장과 대표단들은 북측이 평양 인근에 양돈장 부지를 정해 놓았다고 하는데 어디인지 궁금하여 북측 안내원들에게 물어보았지만, 국가 보안이라며 답변을 해주는 북측 안내자는 한 명도 없었다. "인차 가보시면 압니다"라고만 얘기해 주는 북측 안내원이었다. 그래도 평양시 인근 어딘가에 남북합작 양돈장이 건립된다니 가슴 벅찬 일이 아닐 수 없었다. 그 일을 하기 위해 이렇게 남측 대표단으로 평양에 오다니 서울서 북경까지, 그리고 다시 북경에서 평양까지 직항로로 오고 가면 30분이면 될 거리를 2일이나 거쳐서 가는 피곤한 일정이었지만, 진길부 조합장을 비롯한 남측 대표단은 평양 양각도 호텔에 여정을 풀었다.

양각도 호텔은 평양에서 두 번째로 높은 건물로, 46층 높이의 호텔이다. 최고 높은 46층에는 커피숍을 겸하는 술집 같은 바가 있었는데, 북한의 대동강 맥주를 마시며 내일부터의 일정에 들떠 있었던 진길부 조합장의 모습이 떠오른다.

평양 일정 2일째, 첫 밤을 설친 후 이른 아침에 일어나보니 진길부 조합장도 이미 나와 있었다.

양각도 호텔 야외에는 파 3 미니 골프장이 있고, 1층에는 수영장도 있었다. 호텔에서 100여 미터 떨어진 곳에는 북한 사람으로 보이는 낚시꾼이 아침 새벽부터 낚시를 하고 있었다.

이런 모습을 바라보던 남측 대표단들 중에는 "야, 이거 우리들한테 보여주려고 북측이 엄청 준비했구먼." 하는 소리가 먼저 나왔다. "북측이 그 정도로 준비했다면 좋은 일이지요." 진길부 조합장의 말로 분위기가 바뀌었다. 실제로 이 회담 기간 중 남측 대표단원 중에 김중배 사료회사 대표의 생일이 있었는데, 북측에서 김중배 부회장 생일이라고 저녁 만찬 시간에 생년월일까지 새겨진 케이크를 준비해 생일잔치를 열어주었다.

남북 실무자회담 기간중 북측이 준비한 생일잔치 장면

평양 일정 이틀째 오전부터 평양 양각도 호텔에서 남북합작 양돈장 건립을 위한 대표단 공식 회의가 있었다.

진길부 조합장을 포함한 남측 15명의 대표단과 북측 대표단 12명의 역사적인 남북 공식 회담인 대표단 회의가 열렸다.

남북합작 양돈장 건립을 위한 남북대표단 회의 장면(2007.11)

수석대표들의 모두 발언 후 실무자들끼리의 세부 회담이 예정되어 있었지만, 수석대표들의 모두 발언이 1시간 내내 반복되는 상황이 벌어졌다. 남측과 북측의 언어 차이로 인해 서로 이해하지 못하는 일이 많았고, 남북합작 양돈장 건립을 위한 회의에서도 그런 일이 발생한 것이다.

남측 수석대표의 발언 요지는 "따뜻하게 환영해 주어 감사하다. 본 회담은 남북합작 양돈장을 건립하는 것으로 최선을 다해 임하겠다"라는 것이었고, 북측 수석대표는 "남쪽에서 오신 대표단을 열렬히 환영하며, 본 회담은 남북합작 돼지공장을 짓는 것으로 돼지 시설, 사료공장, 도축공장이 모두 포함되어야 한다"라고 모두 발언에서 밝혔다.

이어서 통일부 출신 남측 수석대표가 "우리는 양돈장 건립을 논의하려고 왔지, 사료공장이나 도축공장 건립은 의제에도 없는 일이고 아예 생각하지 않은 일이니 그 일은 의제에서 빼야 한다"라고 하자, 북측 대표단에서는 아우성 소리가 났다.

"사료공장 없이 무슨 돼지공장(양돈장)이야", "사료 없이 어떻게 돼지를 키워" 등등의 목소리가 나왔고, 이에 질세라 남측 수석대표는 앵무새처럼 계속 양돈장 건립을 논의하기 위해서 온 것이지, 사료공장과 도축공장은 안 된다고 하면서 계속 그 의제를 고집하면 남측 대표단은 당장 철수하겠다고 여러 차례 반복 발언하였다.

옆에서 기다리고 있던 진길부 조합장과 김준영 수의사를 비롯한 실무자들은 더 이상 말싸움만 계속될 것으로 보고, 남측 수석대표에게 정회하길 요청하였고 대표단 회의는 잠시 정회 시간을 가졌다.

정회 시에는 남측 대표단만 따로 모여서 긴급회의를 했는데, 북측 대표단이나 북측 보위부가 도청할지도 모르니까 '이동식 소형 라디오' 소리를 크게 틀어놓고 남측 대표단끼리 대화를 나누었다.

"왜 양돈장을 지어주겠다는데, 쟤네들은 사료공장을 들고나오는 거야?", "도축공장은 또 뭐야? 돈 더 달라고 북측이 이상한 짓 하는 것 아닌가?" "북측의 의도를 어떻게 봐야 하나?" 등등 통일부 출신 남측 수석대표와 대표단원들은 북측이 도저히 이해가 안 된다는 표정으로 진길부 조합장에게 물었다. 북측이 왜 그러냐고.

진길부 조합장은 잠시 고민하다가 우선 이 회의는 빨리 마치고 오후 일정으로 예정되어 있던 북한 남포시 인근의 북측 양돈장을 먼저 가보는 게 좋겠다고 하였다. 가보면 해결책이 나올 것 같다고 말했다. 여기서 말싸움만 할 게 아니라 현장을 보면 알 것이라는 내용이었다. 이렇게 되어 대표단은 일정을 바꾸어 남포시에 있는 북한 최신식 양돈장을 먼저 가보게 되었다.

북한의 안내자 말로는 우방국 덴마크가 지어주었다고 하며 당시 북한에서 제일 시설이 잘되어 있다는 최신식 양돈장 시설을 둘러보게 되었다.

북한 남포 양돈장 사진

북한 남포 양돈장 사진

진길부 대표와 함께

평양 양각도 호텔 로비에서의 진길부 (2007)

북한 평안남도 남포시에 있는 양돈장(돼지공장)은 구릉지에 계단식 건물 배치로 되어 있는 규모가 제법 되는 양돈장이었다. 농장 입구에서 안내자의 설명과 인도로 돼지공장(양돈장) 내부를 둘러보게 되었는데, 양돈장 내부에 북측이 얘기하는 사료공장이 있는 것이 아닌가.

　북한은 규모가 큰 양돈장을 돼지공장으로 부르는데, 이 남포 양돈장도 상시 사육두수가 약 6,000두 규모로 북측 용어로는 돼지공장으로 표시되어 있었다. 상층부 한쪽 구역에는 사료빈 20여 개가 모여 있는 곳이 사료공장이라 표시되어 있었다. 20평 이내로 보이는 실내 공간을 도축공장이라고 얘기하고 있었다.

　대표단 수석대표나 단원들 모두가 남한과 북한의 용어 차이를 인식한 순간이었다. 역시 진길부 조합장 말대로 현장에 가보니 북측 대표단이 말하는 사료공장과 도축공장의 의미를 알 수 있었다. 남측 방식으로 용어만 생각하면 남측 사료공장은 월 몇만 톤씩 생산하는 큰 규모의 대형 사료공장을 연상하게 되기 때문에 벌어진 일이었다.

　남포의 돼지공장(양돈장) 현장을 다녀오고 나서 통일부 출신 남측 수석대표도 더 이상 "사료공장, 도축공장 안 된다. 못 한다. 도축공장 하면 우리는 철수한다"라는 소리를 하지 않았다.

　그 덕분에 오후 늦은 시간부터 진행된 세부적인 실무 회담은 실무자들끼리 우호적인 분위기에서 매우 많은 것들을 합의해 내었다.

(합의서 문건 참조)

남과 북의 대표단은 남북합작 통일양돈장을 2008년 8월 15일에 준공하는 것을 목표로 진행하자는 북측의 제안을 받아들여, 우선 준공 날짜를 2008년 8월 15일로 잡고 역순으로 양돈장 건립 일을 배치하기로 하였다.

여기에서도 진길부 조합장은 내년 8월 준공식 날에는 북측에서 특별기를 띄워 남측 대표단을 서울에서 평양으로 실어 나르면 좋겠다고 제안하였다. 서울에서 북경을 거쳐 다시 평양으로 오는 것보다 서울에서 직접 평양으로 오는 것이 빠르고 좋지 않냐고 하였다. 이에 북측 수석대표이자 보위부 간부가 그거 좋겠다고 하며 대표단 단원 15명 외에 남측 인사 200명을 초청하겠다고 하였다.

남북 대표단은 만장일치로 내년 2008년 8월 15일에 남측 인사 200명을 초청하는 남북합작 양돈장 준공식을 열자고 합의하였다.

(이 합의는 2025년 현재까지도 이루어지지 못했다.)

이런 식으로 남북합작 양돈장 건립은 시간 문제인 것처럼 보였고, 아주 우호적인 분위기로 남북 대표단 회담이 진행되었다.

그 내용은 별첨으로 실리며, 그 이후로 남북의 정치적인 변동 때문에 18년이 지난 현재까지도 성사되지 못한 남북합작 양돈장이지만, 진길부 조합장의 간절한 소망이자 유훈 사업이기도 하여, 후세에라도 반드시 성공되기를 바라는 뜻에서 남북 합작 통일양돈장 건립을 위한 남북 대표단 합의문 전문 중 일부를 싣기로 한다.

남포시 인근에 있는 북한에서 가장 현대화되었다는 돼지공장을 보고 나서, 버스를 타고 남북 합작 양돈장 부지로 예정된 강남군 고읍리로 향했다.

평양특별시 남쪽 구역을 강남군 지역이라고 하는데, 평양 중심부에서 약 15~20km 떨어진 곳에 있는 강남군 고읍리는 이름 그대로 옛날에 읍이 있었던 동네라고 하였다. 그런데 고읍리 예정부지에 버스를 타고 도착해 보니 부지 인근에 수십 채의 허름한 민가가 있었다.

민가 때문에 양돈장 짓기 어렵다고 얘기하려던 찰나에 북측 수석대표이자 보위부 요원이 "저기 있는 민가들은 곧 철거 예정이라 문제 삼을 거 없습니다"라고 하여 남한과 북한의 실정이 다름을 또 알게 되었다.

실제로 150여 개 민가가 철거되었다고, 2008년 초 개성 자남산 여관에서 열린 제2차 남북 합작 양돈장 실무회담에서 북측 대표단이 남측 대표단에 확인해 주었다.

그리고 청사진 도면 해프닝이 있었다. 현장 부지에 도착해서 북측 농업성 직원인 김○○ 씨가 예정 부지 청사진 도면을 가지고 있었는데, 얼떨결에 그 청사진을 같이 보자며 그 직원 옆에 진길부 조합장과 김준영 수의사 등 여러 명이 청사진 도면을 보고 있었다. 그런데 북측 보위부 간부가 큰 소리로 "국가기밀을 아무에게나 보여 주면 되는가"라며 호통을 치는 바람에 그 농업성 직원은 얼굴이 벌게지고 서둘러 청사진 도면을 말아서 못 보게 하였다.

  진길부 조합장과 몇 명이 도면을 다시 좀 보자고 해도 보위부 직원은 안 된다는 말뿐이었다. 그래서 진길부 조합장은 현장 몇 군데를 돌아보면서 그 직원에게 "당신만 보면서 얘기해 달라"고 하면서, 2~3미터 떨어진 곳에서 계속 물어보며 혼자만이라도 청사진 도면을 보고 답변하도록 요구하였다.

  진길부 조합장은 청사진 도면 자체가 중요한 것이 아니라, 남북합작 양돈장 건물을 높이에 따라 임신사, 분만사 등으로 배치하고, 지대가 가장 낮은 곳에 비육사와 출하대 그리고 분뇨처리 시설을 배치하기 위한 현장 부지의 상태를 아는 것이 더 중요하다고 생각하였다. 북한 측 직원도 배려해 주어, 보위부 간부로부터 2~3미터 떨어진 곳에서 도면을 보고 얘기해 달라고 하여 진길부 조합장은 나중에 현장 부지에 대한 이해를 잘할 수 있게 되었다.

  평양 고읍리 예정부지를 돌아보고 있을 때 먼발치에서 방목 중인 북한의 소가 한 마리 눈에 띄었다. 북한 측 보위부 간부는 "저거, 저거! 나오지 말라고 했는데, 쯔쯔쯔" 하며 소를 몰고 나온 사람을 문책하겠다는 듯 기세가 등등하였다.

  누군가가 "북한 한우다"라고 소리치자 진길부 조합장이 자세히 그쪽을 바라보았다. 바짝 말라 보이고 등골이 패인 북한 소를 보며, 초등학교와 중등학교 시절 소를 몰고 일했던 기억이 떠오른 듯했다. 그는 농사용 일소인 것을 한눈에 알아보고 "여기 소들은 무슨 쟁기를 끄나요?"라고 북측 사람에게 친근하게 물었다.

남측 대표단 대부분은 남쪽 한우보다 크기가 작다는 생각만 하고 있었지만, 진길부 조합장은 본인이 경험한 내용을 언급하며 대화를 부드럽게 이끌어 갔다. 이로 인해 남북 대표단의 분위기가 화합의 분위기로 바뀔 수 있었다.

고려호텔에서 바라본 평양시내 모습

남북합작 양돈장 건립을 위한 남측 대표단 일행 모습

1. 남북농업협력 '평양 고읍리 양돈장' 사업 개요

주제	내용		
사업 경과	2005. 8. 20. 남북농업협력위원회 축산협력사업(양돈사업) 합의 2007. 10. 4. 노무현, 김정일 남북정상회담 　　　　　'남북관계 발전과 평화번영을 위한 선언'의 농업분야 합의 2007. 11. 5. '제1차 남북농업협력 실무접촉' 합의 2007. 11. 26~12. 1 평양 강남군 고읍리 양돈장 부지 외 답사		
합의 내용	사업 규모	상시 사육두수 5,000두 (사업기간 1~2년)	
	사업 대상지	평양특별시 강남군 고읍리 일대	
	세부 사항	북측	· 토지, 전력, 용수, 노동력 등을 제공한다. · 남측 인원의 신변보장 및 편의를 제공한다. 　(사업현장 방문, 기술지원, 수송 기타 인력)
		남측	· 양돈 협력사업을 차관 방식으로 진행한다. 　(양돈장 시설건축과 종돈, 사료 등) 　(사육에 필요한 자재, 장비 및 물자 등)
		내용	· 성과에 따라 사업을 확대한다. · 차관합의서는 별도 협의를 통해 체결한다. · 구체적인 제공 품목 및 수량, 절차 등 세부 사항은 쌍방의 이행 기구가 협의. · 본 사업을 협의·처리하는 총괄 이행 기구를 지정하여 상대측에 통보. · 2007년 11월 중 남북 전문가 공동으로 현장 답사를 진행한다. 　: 11.26~12.1 북측 예정지 현장 답사 실시 　(진길부 조합장, 김준영 수의사 등 참여)

2. 평양 고읍리 양돈장 예정부지 현장답사 개요

주 제	내 용
현장 답사 목적	1. 남북양돈협력사업 시행 지역의 현황 파악 2. 세부사업 시행(안)을 위한 현장자료 수집, 의향 청취 3. 남북 양측이 사전에 준비해야 할 사항 및 추진 방향 협의
현장 답사 실행 과정	1. 북측 : 사업 목표와 현장에 대한 기초 자료 제공 2. 남측 : 북측 자료를 토대로 남측 사업안 수정, 보완 3. 공동 : 현장 답사를 통해 예상문제점 점검, 해소방안 논의 4. 공동 : 선행조치 및 협조요청 사항 작성 후 교환
현장 답사 일시	2007년 11월 26일 ~ 12월 1일
현장 답사 구성원	북측 : (1차 공동참여 총 8명, 단장: 전호연 　　　= 북한 농업성 목축국장 외) 남측 : (1차 방문인원 총 15명, 단장: 배광복)

3. 평양특별시 강남군 고읍리 예정부지 인근 지도

주제	내용
강남군 지도	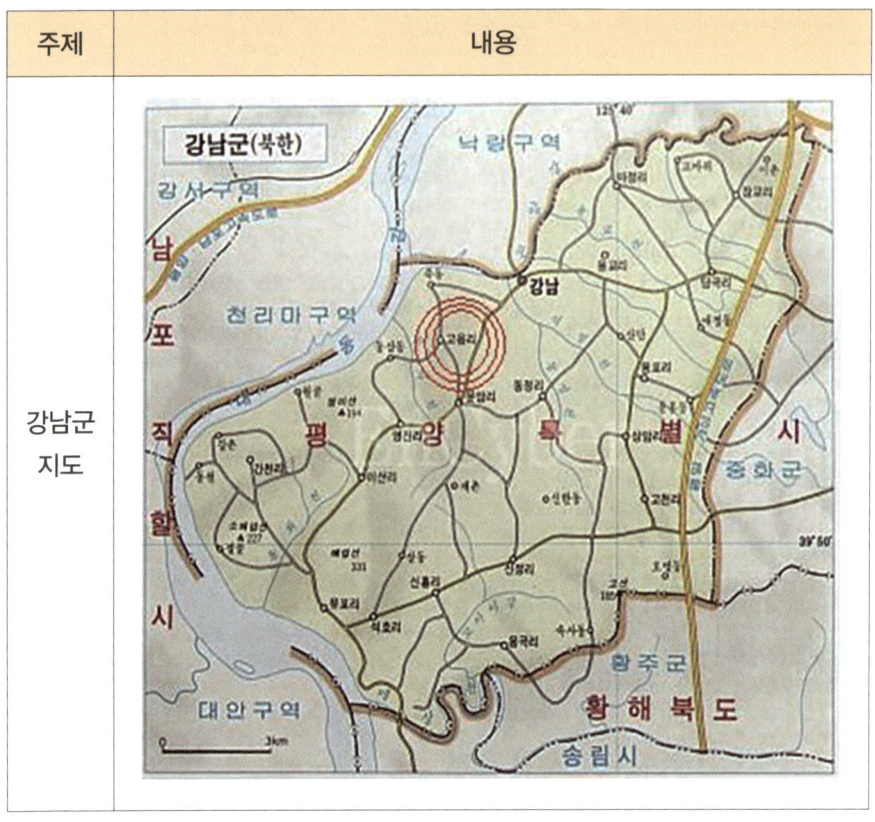

4. 남북 양돈협력사업 북측 제시 문건에 대한 답변 자료

1) 남북 양돈협력사업 목표

서류 제목	내용	논의 사항	담당자/비고
사업 목표 기록표	· 남북 양돈협력 사업 목표 (북측 사업 목표, 관리 목표) * 문건으로 제공됨	자동화, 첨단시설을 기본으로 연간 돈육 생산 1,000톤을 목표로 한다.	북측 전호연 단장, 김연학 총괄
사업 전망 기록표	· 남북 양돈협력 사업 전망 (북측 입장에 기초한 전망)	이번 사업을 시범으로 점차 확대해 나간다.	김연학 박창선 리영수 리학필
생산 목표 기록표	· 주요 생산 목표 − 북측 목표 − 상시모돈 수, 사육두수 − 목표 평균 이유자돈 수 − 목표 출하체중 − 목표 종돈 선발률 − 목표 지육률 − 기타	상시모돈　590두 웅돈　　　12두 후보돈　　28두 후보웅돈　 6두 자돈　　2,200두 비육돈　5,000두 ＝ 총　7,836두 출하체중 100kg 출하일령 165일경 선발률 30% 지육률 60%	모돈은 F1으로 한다
사전준비 요청사항	○ 현장지도 5부 (강남군 지도) ○ 측량도면 5부 (돈사 예정지) ○ 측량기사 2인 지원 (답사 당일)	측량기사 지원됨	김영걸

2) 평양특별시 강동군 고읍리 자연환경 부문

서류 제목	내 용	논의 및 확인	담당자
고읍리 자연 환경 조사 서류	① 후보지 반경 10km 지도 (위도, 경도, 경사도 표시)	현장 답사로 확인	리영수 김영걸
	② 기후 정보 제공하는 측후소의 위도와 경도, 해발 고도 자료	위도 동경 125.3 경도 38.5 해발고도 18.56m	
	③ 연 평균기온과 계절별 세부 기온 변화 (측후소 기준)	연평균 10.1(봄철 10, 여름 23, 가을 11.7, 겨울철 −4.1)	
	④ 연평균 강수량 및 최고 강수량/ 연평균 강설량 및 최고 강설량/ 10년 내 폭우 침수, 도로침하 여부 10년 내 폭설 붕괴, 도로봉쇄 여부 일조량, 습도 및 상대습도, 증발량, 풍속, 주요 풍향(평균, 최고치) 사항	연평균 강수량 870.8 일 최고 강수량 460.5 연평균 강설량 14.6 최고 강설량 37.1 10년 내 최대 폭우 400 폭설, 도로봉쇄 없었음 평균습도 72% 증발량 3.7ml/년 풍향 2.6 m/sec 봄, 여름− 남동풍 가을 −남서풍 겨울− 북서풍 해비침 55%	풍향 봄여름− 남동풍
	⑤ 지형 및 지질자료 지하수 및 하천수 수질자료 지하수량 관련자료 하천수 계절별 평균 유량	지층 : 일대천, 진흙층(석회층)으로 구성 지하수량 우물 있음 수질 : 총 세균수 46마리 이하/리터, 대장균수 3마리/리터	
	⑥ 야생동물 서식 현황 개요 (야생동물의 종류와 추정 수)	없음=잘 모름 (쥐)	

3) 평양 고읍리 사회 환경 부문

서류 제목	내용	논의 및 확인	담당자
고읍리 사회 환경 조사 서류	① 후보지 반경 1.5km 내 주민 및 주택 분포도	인근 147동 살림집 있음 – 곧 철거 예정 (이미 2008년 초 철거 완료)	전호연 김연학 답변
	② 후보지에 포함되는 주민 및 주택에 대한 대책		
	③ 후보지에 양돈장 신축 시 양돈장 냄새로 영향받을 범위와 대책	철거 예정	
	④ 후보지에 양돈장 신축 시 주민 거주 지역의 음용수에 미칠 영향	영향 없음	
	⑤ 후보지에 양돈장 신축 시 주민 거주 지역의 지하수에 미칠 영향	관정을 신규로 할 예정 주민은 영향 없음	
	⑥ 인근지역의 양돈장 노동인력 (지속적, 안정적 공급 가능성) 축산 관련 교육시설의 존재 여부 교육 가능한 공공시설 여부	농장 종사원을 60여 명으로 평양시 강남군에 농업전문학교– 축산전문학과 있음	

이하 생략

* 더 자세한 내용은 김준영 수의사에게 문의

진길부 삶의 마무리
('도드람'과 마무리)

1) 울산지검에 구속되다

2015년 10월 6일, 그날은 진길부에게 운명의 날이었다.

그날 (재)녹색부농의 미얀마 가나안농군학교 지원 문제를 논의하기 위해 대전 유성에서 관계자 회의가 예정되어 있었다. 회의에는 한국을 방문한 미얀마 가나안농군학교 조○○ 교장, 미얀마에 파견된 농사(農士) 장선복 부부, 녹색부농 상임이사 김왕호, 농사단 회원 강용찬 등이 참석할 예정이었다. 이 회의는 진길부 녹색부농 이사장이 소집했으나, 정작 그는 참석하지 못했다.

그날 아침, 유성으로 향하던 진길부는 경기도 이천에 있는 녹색부농 사무실에 갑작스레 들이닥친 울산지방검찰청 수사관들로부터 출두 요청을 받았다. 이에 그는 유성으로 향하던 길을 중단하고 택시를 타고 급히 경기도 이천으로 되돌아갔다.

진길부는 아무 의심 없이 순순히 출두했다. 만약 불법적인 행위에 대한 가책이 있었다면, 출두 요청을 받은 후 변호사를 대동하거나 출두 일정을 조율하는 등 대응책을 마련했을 것이다. 하지만 그는 이 모든 과정을 생략한 채 사무실로 돌아갔고, 도착하자마자 그 자리에서 체포되어 울산지검으로 압송되었다.

진길부는 구금 상태에서 조사를 받던 중, 2015년 10월 8일에 구속영장이 발부되어 본격적으로 구속 수사를 받게 되었다. 그리고 약 2주 뒤인 2015년 10월 23일, 그는 결국 구속 상태로 정식 기소되었다. 검찰이 제기한 주요 혐의는 국가보조금법 위반이었다.

2) 진길부의 양돈환경개선 사업

진길부는 도드람양돈조합 조합장 재직 시절, 한국 양돈업이 직면한 가장 큰 과제가 "양돈업은 환경오염의 주범"이라는 부정적 인식을 해소하는 것임을 깨달았다. 그는 이 문제를 해결하지 않고서는 양돈산업의 지속 가능성이 보장되지 않을 것이라는 위기감을 느꼈다. 이에 따라 도드람양돈조합 내에 환경부서를 신설하고, 조합원 농가의 분뇨처리를 지원하는 시스템을 구축했다. 이후 환경부서를 확대해 도드람양돈농협의 자회사로 전환, ㈜도드람환경연구소를 설립하게 되었다.

조합장 퇴임 후에도 진길부는 양돈 환경문제에 대한 책임감을 갖고 ㈜도드람환경연구소의 지속적인 사업 추진을 위해 도드람양돈조합의 지분을 인수했다. 이후 연구소는 진길부와 그의 부인 황인숙이 대주주로 참여하며, 연구소 직원과 녹색부농이 자본을 투자해 양돈 환경개선 사업을 새롭게 추진했다. 2010년부터 2013년까지 설계와 시공을 전문으로 하는 직원을 채용하면서 근무 인원이 10여 명으로 늘었고, 연간 매출은 200억 원에 이를 만큼 빠르게 성장했다. 주요 사업 내용은 양돈분뇨 공동자원화 시설 공사와 양돈장 분뇨처리시설(액비처리, 방류처리) 공사였다. 사업지역 또한 경기지역뿐만 아니라 경남 합천, 경북 영천 등 전국으로 확대되었다.

그러나 급격한 외형 성장은 부작용을 낳았다. 부실시공으로 인한 하자처리와 자금관리의 미숙으로 인해 경영 성과는 적자가 지속되었다.

양돈장 분뇨처리시설 시공업은 이미 경쟁이 치열한 레드오션 시장이었다. 정부가 가축분뇨 자원화 및 처리시설 사업에 보조금을 지원하자 다수의 업체가 시장에 뛰어들었고, 이에 따른 과당경쟁으로 공사가 염가에 진행되었다. 축산농가가 정부 보조금만으로 공사를 진행하려는 경향도 문제였다. 자부담 비율은 전체 사업비의 20~30%에 불과했지만, 이마저도 부담을 피하려는 농가와 낮은 비용으로 경쟁에 뛰어든 시공업체가 맞물리면서 부실 공사가 빈번히 발생했다.

2011년 11월, 환경부 공모과제 중 "돈분뇨의 바이오에너지 회수 및 퇴비화 기술 실증" 과제(2년)가 선정되면서 ㈜도드람환경연구소가 참여하게 되었다. 연구사업의 종류 및 주관기관은 다음과 같다.

주요 설비 종류	규 격	주관기관
혐기 소화조	1일 15톤 처리	도드람환경연구소
퇴비사	306㎡, 기계교반발효상	수원대학교
정화처리조	1일 15톤 정화방류	수원대학교
합 계		총괄기관 : 도드람환경연구소

총사업비 약 27억 원 규모로 진행된 이 연구사업은 녹색부농의 실습농장에 실증 시설을 건축하며 본격화되었다.

본 연구의 주요 내용은 돈 분뇨를 활용한 바이오가스 생산과 퇴비화였다. 그러나 연구 결과, 돈 분뇨만으로는 유의미한 가스 발생량을 얻기 어려웠으며, 음식물 쓰레기(음폐수)와 같은 다른 유기물을 혼합해야 가스 발생이 원활히 이루어진다는 사실이 밝혀졌다. 또한, 가스 발생 후 남은 폐액을 정화해 방류하려면 질소 농도를 방류 기준치 이하로 낮춰야 했는데, 이를 위해 메탄올이나 음식 폐기물과 같은 탄소원이 필수적으로 첨가되어야 했다. 이를 통해 돈 분뇨를 이용한 바이오가스 생산이 경제성을 가지려면 추가적인 연구와 설비 보완이 필요하다는 점도 확인되었다.

이 시기에 맞춰, 2011년 12월 지식경제부가 공모한 "유기성 폐자원의 저비용 고효율 연료화 기술 개발" 연구 과제에 ㈜도드람환경연구소가 응모하여 선정되었다.

해당 연구 과제는 총 4개년에 걸쳐 진행되었으며, 사업비는 130억 원에 달했다. 이 중 ㈜도드람환경연구소가 담당한 사업비는 83억 원으로, 그중 66억 원은 정부 지원금, 17억 원은 자부담으로 충당되었다.

참고로, 2011년 연구과제의 주요 내용은 다음과 같다.

· **고효율 전처리 및 고부가 부산물 생산기술 개발**
· **고효율 탈수 및 고액분리 기술개발**
· **공정 폐액**(고액분리, 탈수, 건조, 응축수)을 이용한 **고부가 부산물**(액상 비료, 질소산화물 저감용 환원용액 제재) **생산기술 개발**

• 에너지 절약 기술이 융합된 고효율 건조 및 복합성형기술 개발
  – 생물학적, 물리·화학적 건조 기술을 융합한 고효율 건조 시스템 개발
  – 축산분뇨 고형물과 에너지작물 또는 농업부산물의 복합성형기술 개발

• 고형연료 및 환원용액 제재의 성능평가 기술개발
  – 파일럿 규모 이상의 연소시설을 활용한 고형연료 혼소 특성 및 환원제 성능평가
  – 스팀 보일러 용량 50톤/시간(Ton/hr) 규모 이상의 상용시설을 이용한 고형연료 및 환원용액 제재의 실증 적용

• 공정 자동화, 최적화를 통한 고형연료/고부가 부산물 생산시스템 설계, 패키지(package) 기술개발

- 생산시스템의 최적화 및 연속운전 구현(과제 종료 후 상업 운전 전환)
- 고형연료 생산량 10,000톤/년 이상의 설계 패키지 기술개발 및 경제성 평가

㈜도드람환경연구소는 환경부와 지식경제부의 연구 과제에 잇따라 선정되면서 연구사업을 확장하고, 처리시설 시공을 통해 외형적으로 최대 성장기를 맞이했다.

정부 연구 공모사업은 공정하고 철저한 관리, 투명한 회계처리가 필수적이며, 자부담액 역시 규정에 따라 성실히 부담해야 한다. 이러한 특성상 연구사업 자체에서 수익을 내기는 쉽지 않다. 다만, 연구공모사업의 가장 큰 장점은 과제를 성공적으로 수행할 경우, 성과물의 지식재산권을 연구기관이 소유하게 되어 이를 기반으로 사업을 지속할 수 있다는 점이다.

진길부가 대표로 있던 ㈜도드람환경연구소는 시공사업과 연구사업에서 외형적 성장을 이뤘지만, 수익 창출은 쉽지 않았다. 특히, 양돈 분뇨를 처리하는 시설은 혐오시설로 간주되었기 때문에 인허가 및 입지 선정 과정에서 큰 어려움을 겪었다. 전국을 돌아다녀도 적합한 장소를 찾기 어려워 환경부 사업은 녹색부농 실습농장에 실험시설을 설치하게 되었다. 혐기소화조, 퇴비사, 정화처리시설 등을 순조롭게 시공한 결과, 연구 과제를 성공적으로 수행할 수 있었다.

지식경제부 과제는 경기도 이천시 설성면에 위치한 오금영농조합의 비육장에서 진행되었다. 혐기소화조와 고액분리 후의 고형

물 연료화 공장을 시공했으며, 연구과제에는 포함되지 않았지만 시설 운영에 필요한 정화처리조 공사와 소화조에서 발생하는 메탄가스를 활용한 발전시설을 추가로 설치하게 되었다.

소화조에서 메탄가스를 생산하는 것은 1차적인 문제였지만, 그 가스를 활용하는 기술은 당시 우리나라에서는 아주 초보적인 수준이었다. 환경부 과제에서 생산된 가스는 가스보일러를 통해 온수를 생산하는 데 사용되었으나, 겨울철처럼 온수난방이 필요한 시기에는 가스 발생량이 저조했고, 여름철에는 온수가 필요 없어 포집된 가스를 활용하지 못하고 버리는 상황이 발생하기도 했다.

진길부는 이러한 경험을 통해 지식경제부 과제에서는 연구과제와 별도로 발전시설을 구축하여 전기 판매(매전)를 계획하게 되었다. 그러나 메탄가스를 2차로 사용하기 위해서는 1차로 생산한 가스를 2차 시설에 적합하게 정제해야 했다. 이는 농가 단위의 바이오가스 플랜트에서 생산되는 가스가 메탄가스뿐만 아니라 일산화탄소, 이산화탄소, 황화수소 등 여러 가스를 포함하고 있기 때문이다. 가스를 보일러용 가스로 전환시키기 위해서는 별도의 가스 정제 시설이 필요한 상황이었다.

게다가 당시만 해도 한국전력이 매전을 독점하고 있어 가격 보장도 어려웠던 실정이었다. 가스보일러 형태이거나 가스 발전기 형태로 전기 및 에너지를 생산하고, 생산된 전기에너지를 판매하는 관련 산업이 우리나라에는 미흡하여 관리 유지가 매우 어려운 처지였다.

3) 경남 양산 사업에서 어긋나기 시작하다

㈜도드람환경연구소는 공모 연구과제를 수행하며 혐기소화조(바이오가스 시설) 시공 실적을 쌓아가던 중, 연구사업 외의 양돈장용 혐기소화조 시공 의뢰를 받게 된다.

2012년, 경남 양산의 박 아무개로부터 혐기소화조 시공을 의뢰받았다. 해당 사업장은 이미 2개의 소화조를 운영하고 있으며, 추가로 1일 처리 30톤의 소화조를 30억 원에 시공해 달라는 요청이었다.

사업 타당성 검토 결과, 30억 원으로는 도저히 공사를 진행하기 어려운 상황이었고, 시공 후 문제 발생 시 책임만 떠안게 될 가능성도 있었다. 이에 도드람환경연구소 실무자들은 공사 수주 자체를 반대했다.

그러나 2013년경 진길부는 대형 소화조 공사의 실적을 쌓기 위해 약간의 손해가 발생하더라도 양산 계약을 강행하였다. 관련 시공은 환경부 과제, 지식경제부 과제의 실증시설을 시공한 유일건설에 맡겼다. 공사가 완료된 후, 박 아무개는 공사대금 일부를 지급하지 않으며 계속 하자보수를 요구하였다.

진길부는 2015년 박 아무개를 상대로 미지급 공사대금을 청구하기 위해 여주지방법원에 민사소송을 제기하였다. 이에 박 아무개는 반감을 품고 진길부를 형사 고발하게 된다. 박 아무개는 ㈜도드람환경연구소가 국가보조금을 지원받아 분뇨처리시설 공사를 진행하면서, 다수의 양돈농가로부터 자부담금을 받지 않고 공사를 진행하였다고 주장하였다. 또한, 자신의 사업장에서 부실 시공을 하고 하자처리를 하지 않은 점을 근거로 울산지검에 진길부를 형사 고발하였다.

"경북 영천지구에서 한 농가당 약 5억 원 정도 규모로 7개 농가의 분뇨처리시설 공사를 다년간 진행하면서, 농가 자부담금을 받지 않고 국가보조금만으로 공사를 진행하여 보조금을 횡령했다"라는 것이다. 울산지검 검사들은 경북 영천지구 분뇨처리 공사를 포함해, 환경부와 지식경제부 과제 등 국가보조금과 관련된 전반적인 사업을 대상으로 죄목을 확대한 것이다.

경북 영천지구 분뇨처리시설 공사는 농가들의 자체 사업으로, 사업비 중 일정액은 국가가 지원하고, 일부는 자부담을 통해 충당하는 조건이다. 자부담금은 각 농가가 융자 등을 통하여 모두 납부하였으나, 진길부는 농가들의 어려운 자금 사정을 고려해 일단 환불해 주고, 분할로 납부하도록 허용하였다. 소규모 양돈농가의 편의를 위해 자부담에 해당하는 금액을 장기 분할로 납부 처리한 것을 두고, 마치 자부담금을 받지 않고 공사를 진행한 것처럼 주장하면서 국가보조금법 위반으로 사건의 얼개를 만들어 낸 것이다. 결국 재판에서는 진길부의 본의가 반영되어 경북 영천 분뇨처리시설 공사 건은 무죄 판결을 받았다.

그러나 울산지검 검사들은 일단 진길부를 구속하고 관련 사업장을 전수 조사하면서 위법 사항이 될 만한 건은 모두 피의사실로 삼아 별건 수사로 사건의 규모를 크게 부풀린다. 그 과정에서 울산지방 검찰은 ㈜도드람환경연구소가 진행하던 지식경제부 과제, 환경부 과제를 들여다보게 되었다. 지식경제부 과제에서 현금으로 납부해야 할 자부담액 처리 과정에 투명하지 못한 문제가 있었다. 현금 대신에 농장에 시설공사를 한 증빙자료를 이용하여 현금납부로 처리한 것이 문제가 되었다. 이후 별건 수사로 추가된 혐의들이 합산되고, 자격증 차용 등 여러 의혹이 더해지며 범죄 혐의는 건설산업법 위반 등으로 확대되었다.

4) 유죄 판결에 집행유예로 석방되다

2016년 1월 8일, 불구속 상태에서 재판을 받을 수 있도록 요청한 보석 신청이 기각되었다. 아쉬운 마음을 안고 여러 차례 재판이 진행되었고, 드디어 2016년 4월 8일 선고 재판이 있었다. 건설산업법 등 위반으로 징역 2년 6개월에 집행유예 4년이 선고되었다. 보석 신청이 거부되어 실형이 선고될까 걱정했지만, 다행히 집행유예로 풀려날 수 있었다. 재판이 끝난 후, 호송차에서 풀려나와 면회 온 가족들과 개척농사단 회원들과 반갑게 포옹을 나누며 마치 저승에서 살아 돌아온 사람을 만난 듯한 기분을 느꼈다. 선고공판을 방청했던 일행들과 함께 식당에서 자유롭게 식사하며, 진길부는 그야말로 자유의 맛을 만끽하는 듯했다.

5) 건강에 이상이 발생하다

진길부는 ㈎녹색부농 이사장으로 업무에 복귀하였고, 2016년

10월 31일 임기 4년의 녹색부농 이사장으로 재선임 되었다. 일상 업무를 하던 중, 2017년 4월 24일 건강검진 결과 간암 진단을 받았다.

진길부는 서울대병원에서 간암이 전신에 퍼졌다는 진단을 받고, 인생 정리에 들어갔다. 평생의 동지이자 동업자였던, 그리고 그를 존경했던 다비육종 윤희진 대표에게 유언을 남기는 것과 함께, 그는 자신이 평생 헌신하고 사랑했던 '도드람양돈농협'과의 이별을 준비했다.

진길부는 도드람양돈농협 직원들과 마지막으로 함께하고 싶어 했다. 도드람 직원들과의 연락을 통해, 도드람양돈농협의 최초이자 마지막 대회인 '도드람양돈농협 초대 조합장 진길부배 골프대회'가 개최되었다. 이 대회에는 윤희진 다비육종 대표, 이영규 당시 도드람양돈농협 조합장, 김항섭 전무, 김운경 전무, 홍은숙 부장 등 도드람 직원 40여 명이 참석했다.

진길부는 도드람양돈농협 직원들이 모인 자리에서 자신이 암에 걸렸다는 사실을 알리고, 4명이 티업하는 순서에서 자신이 시타를 치며 도드람양돈농협 직원들과 일일이 악수하며 사실상 인생의 마지막 작별을 고했다. 그는 "나는 떠나지만, 도드람과 도드람 정신은 영원히 남기고 싶다"라고 마음속으로 다짐한 것이다.

골프대회가 끝난 후, 진길부는 도드람양돈농협 직원들과 마지막 포토라인에 섰다. 몸은 이미 만신창이 상태로 말을 듣지 않았지만, 그의 얼굴에는 행복한 표정이 가득했다. 그 모습은 사진뿐만 아니라 많은 사람들의 기억 속에 영원히 남을 것이다.

도드람 진길부배 골프대회 모습들

도드람 조합직원들과 마지막 작별의 모습

 2017년 6월 8일, 진길부는 녹색부농 사무실에서 관계자들에게 도 건강 상태를 고백했다. 서울대병원 심층 검사 결과 십이지장암이 간암으로 전이된 것이었고, 약물치료와 대체의학 치료를 병행하고 있었다.

그는 위중한 상황에서도, 우간다에서 온 양돈 연수생들과 오찬을 함께하며 격려금을 전달했다. 이후 병세가 악화되어 가족들이 독일의 중입자 치료 전문 병원을 찾았고, 2017년 7월 19일 진길부는 독일 전문 병원 입원을 위해 출국했다.

마침 회사 일로 독일에 체류 중이던 농사단 회원 박광식이 진길부와 가족을 독일에서 만났다. 중입자 치료 전문 병원에 입원하기 위해서는 미리 치료비 상당액을 송금해야 했고, 그것도 바로 입원하는 것이 아니라 전(前) 단계 치료를 위해서 관련 클리닉의원에서 2주간 입원해야 했다. 하지만 진길부는 박광식과 점심 식사 중 전혀 음식을 먹지 못했다. 독일의 클리닉에서 치료받았지만, 병세는 오히려 악화되어 생사의 갈림길에 놓였다. 결국 독일에서의 치료를 포기하고 진길부는 귀국길에 올랐다.

2017년 8월 14일, 귀국하자마자 서울대병원에 입원하려 했으나 병원 측의 치료 불능 선언으로 입원조차 하지 못하고, 부득이 서울 남부터미널 부근의 장덕한의원에 입원하였다.

2017년 8월 24일, 농사단 회원 강용찬과 신영재, 김왕호, 그리고 진길부의 지인인 임치환 원장이 입원 중인 장덕한의원을 방문하였다.

병상에 누워 있던 진길부는 호흡이 가쁘고 눈도 감긴 채 기운이 없어, 방문자가 잡은 손에 간신히 반응을 보일 뿐이었다.

6) 진길부, 71년 인생을 마감하다

2017년 8월 26일, 진길부는 세상을 떠났다.

2017년 8월 27일 일요일 아침, 농사단 카톡방과 많은 지인들의 카톡방에 진길부의 별세 소식이 전해졌다. 이 소식을 들은 많은 사람들, 특히 농사단 회원들은 눈물을 흘렸다고 했다.

2017년 8월 28일, 서울 삼성병원 장례식장에서 진길부의 지인들, 도드람 관련자들, 농사단 회원들이 모여 영결식을 진행하였다.

2017년 8월 29일 아침 8시, 정든 녹색부농에서 노제를 지낸 후, 경기도 이천 도드람양돈농협 건물 앞 광장에서 도드람양돈농협 주최로 양돈인장 장례식이 열렸다. 한국 양돈산업에 새로운 발전을 이끈 도드람양돈농협 동업자들의 고별사가 경기도 이천의 하늘로 울려 퍼졌다. 경기도 여주시에 위치한 남한강 공원묘지에 안장될 때, 개척농사단 회원들과 많은 사람들이 마지막으로 흙 한 줌을 얹으며 작별의 시간을 가졌다.

1년 후, 경기도 이천 ㈜녹색부농 회의실에서 진길부 전 이사장의 별세 1주기 추모식이 거행되었다. 생전에 함께했던 많은 동업자들과 농사단 회원들이 참석해, 그가 양돈산업 발전을 위해 헌신한 노력과 도드람과 녹색부농을 위해 바친 삶을 추모하였다.

진길부 묘소

 진길부의 묘소는 경기도 여주시 소재 남한강 묘역에 위치하고 있으며, 2단지 4묘역 뒤편 끝자락 중앙에 자리 잡고 있다. (사진 참조)

 묘지석 상단에는 한자로 "豐基秦公吉富之墓(풍기진공길부지묘)"라고 크게 새겨져 있다.

 하단에는 "응당 머무는 바 없이 마음을 내어라"라는 의미의 한자 문구인 "應無所住而生其心"이 적혀 있다.

부록

01) 평화와 제주도를 사랑했던 진길부 - 김준영
02) 진길부 고교시절 - 미네르바 부엉이클럽 외 - 김태균
03) 서둔야학사 - 황건식
04) 서둔야학 시절의 진길부 - 박애란
05) 개척농사단 - 김왕호
06) 도드람 창립 25주년 기념 진길부 인터뷰
07) 진길부가 남기고 간 것들 - 김준영

01

평화와 제주도를 사랑했던 진길부 — 김준영

 이 글의 초기의 제목은 "제주 4.3과 진길부의 삶"이었습니다.

 편집위원으로서 진길부 전 조합장의 여러 가지 인생사를 정리하면서 유아기에 있었던 1948년도 사건이 중요하게 생각되었기 때문이었습니다. 그러나 77년이나 지난 2025년에 이르러서도 제주도의 역사는 살아있는 자들에게 여전히 드러냄보다는 아픔을 간직하고 있음을 편집하면서도 느끼게 되었습니다.

 2024년 노벨문학상을 수상한 한강 작가의 대표작 『작별하지 않는다』라는 작품 속에서 제주도 역사를 문학적으로 표현하였습니다.

 『작별하지 않는다』 책을 첫 번째 읽었을 때는 제주도 역사가 잘 이해되지 않아서 머리가 아팠었는데 제주도 4.3 과 관련하여 진길부의 삶과 결부 시켜 보면서 두 번, 세 번 읽어 볼수록 제주도 역사가 그 책 내용에 들어 있었습니다.

 당시 제주도 동쪽 마을을 소재로 한 작품 내용 속에서 희생된 가족에 대한 연민과 집착은 제주도 동부지역인 대정읍 신도리에서 살았던 진길부의 어린시절이 연상되었습니다.

 한강 작가의 유명한 화두 중에서 "죽은 자가 산 자를 도울 수가 있는가?" "산 자가 죽은 자의 도움을 받을 수 있는가?"라는 의미는 진길부로부터도 찾아 볼 수 있습니다.

진길부는 부모의 죽음을 남북교류의 디딤돌로 승화시켜간 분입니다.

필자가 기억하는 진길부 조합장은 그 누구보다도 남북이 수십 년째 분단되어 있음을 안타까워하였고 그나마 진행되고 있었던 남북교류가 제대로 안 되고 있는 점들을 고뇌하며 대안을 만들어 내려고 노력했던 분입니다.

2007년 11월 평양을 같이 방문하였던 시기에 진길부 전 조합장께 우매한 질문을 한 적이 있었는데 "제주 4·3 사건 때 폭도들 때문에 부모가 다 돌아가신 것으로 알고 있는데 왜 이렇게 퍼주기 논란이 있는 남북 양돈 교류에 헌신적이신가요?" 진길부 조합장은 빙그레 웃음 지으면서 "나 같은 사람이 다시는 나오게 않게 할려고 하는 일이야! 김 원장도 북에 있는 이산가족 때문에 남북 교류 사업을 한다고 하지 않았나! 이념 때문에 사람을 서로 쏘아 죽이고 하는 일은 이제 없었으면 하네…!"

위의 진길부 조합장의 답변은 필자가 악착같이 이 평전을 쓰게 된 동기이기도 합니다.

평화와 제주도를 진정 사랑했던 진길부 조합장

이념보다는 돼지를 매개로 한 남북교류 사업에 충실하였던 분

금강산 지역 성북리 양돈장에 사료 공급을 약속하고 그 약속대

로 실천한 분

　금강산 지역에서 양돈장을 추가로 지원해 달라는 북측 요구에 선뜻 응하신 분

　북한지역에 냉장고가 없는 곳이 많으니 오래 유통될 수 있도록 돼지고기 통조림을 만들어서 북측에 보낸 분

　돼지뿐만 아니라 제주산 감귤을 북측으로 보내자고 하셨던 분

　격년으로 제주 감귤이 과잉생산 될 때만 북측으로 보내지 말고 매년 보내자 하던 분

　제주도가 남북 평화의 상징이 되기를 기대하였던 분

　제주도에서 남북 또는 남북미 정상회담이 개최되기를 기대하였던 분

　2007년 노무현 대통령의 제주도 4.3 선언 – 평화공원 설립 등을 반겼던 분

　2009년 제주도 흑돼지 200두를 북한 평양에 보내는 사업에 아낌없이 성원해 주셨던 분

　필자가 아는 평화와 제주도를 사랑했던 진길부 님의 모습입니다.

　그러나 70여 년 전 제주도 역사는 아직도 누군가에게는 피해자의 가족으로서 또는 가해자와 피해자를 알 수 없는 모두의 사건이기에 언급하기조차 힘든 일이기도 하고, 이념의 속박 속에서 현재 살아가는 사람들에게도 고통을 주고 있음도 부인할 수 없습니다.

이 책자를 읽어보시는 독자님들께 1947-1954년 사이에 있었던 제주도 역사를 간접적으로라도 알아보기를 간곡히 권합니다.

제주도 4·3 사건은 1947년 3월1일부터 1954년 9월 21일까지 7년 7개월간 제주도에서 일어난 사건을 통칭하여 부르는 이름입니다. 2007년 개정된 제주 4·3 사건 진상규명 및 희생자 명예회복에 관한 특별법에서 이 사건의 명칭도 정리가 되었는데 "제주 4·3 사건"이라 함은 '1947년 3월1일을 기점으로 하여 1948년 4월 3일 발생한 소요사태 및 1954년 9월 21일까지 제주도에서 발생한 무력충돌과 진압과정에서 주민들이 희생당한 사건을 말한다.' 라고 정의되어 있습니다.

1947년 3월 1일 제주시 관덕정 인근 시위에서 비롯된 발포사건으로 시위 군중 6명이 현장에서 사망하는 사건을 두고 당시 제주경찰은 관덕정 인근에서의 발포가 치안을 위한 정당방위라고 주장하고, 이날 저녁부터 통행금지령을 선포하고, 통행금지령 위반자들을 대거 구속하게 되었고, 시위 대처 등으로 모자라는 제주 경찰을 보충하기 위하여 수백 명의 응원 경찰을 육지로부터 파견 받게 되었습니다. 시위와 관련하여 주동자급으로 분류된 수십 명의 제주도민이 제주 경찰에 체포, 구금되자 이에 대항하여 제주도민 상당수가 참여하는 농민, 노동자, 운송업체, 공무원, 학생 등의 민관합동 파업이 벌어졌습니다. 미군정 당국은 제주도 경찰이 일부 파업에 참가하는 등 제주지역 진압 경찰이 모자라자 그 자리를 임시 응원 경찰, 육지에서 불러온 서북청년단 회원들로 채웠습니다. 군인들도 제주도에 파견되었습니다. 응원경찰과 서북청년단 회원들로 구성된 제주 경찰들 중심으로 대대적인 검거 선풍이 한동안 이어졌고, 남로당을 중심으로 폭력 투쟁이 있었고 1954년까지 수만명의 민간인 피해자가 발생하였습니다.

이 와중에 1948년 11월경 진길부의 부모는 진길부만 남겨둔 채로 제주도 역사에서 사라졌던 것입니다.

부모 없이 살았던 가장 큰 피해자이면서도 남북의 이념 대결보다는 본인이 할 수 있었던 양돈사업을 북측에 소개하고 양돈사업의 핵심인 양돈사료를 끝까지 보장했던 진길부가 있었음으로 금강산 지역의 남북농업교류는 신뢰를 쌓아 갔고, 금강산 성북리 양돈장 1곳에서 시작하여 금천리 양돈장, 삼일포리 양돈장, 나중에 개성 봉동 양돈장으로 폭을 넓히게 되었고 2007년에는 평양강남군 고읍리에 5,000두 규모의 남북 합작 양돈장 건립논의까지 간 것이었습니다. 진길부가 추진한 남북양돈교류사업이 남북한 정상회담의 의제로도 올라 이견 없이 합의되는 남북한 유일한 사업이 되었습니다. 즉 양돈 농업교류가 남북한 정상들에게도 인정되는 등 남북 평화공존에도 기여하였습니다. 물론 이후 정세 변화 속에서 양돈장 건립까지 되지 못했지만 진길부가 중심이 되어 쌓아 놓은 남북 합작 양돈장, 남북 농업교류의 신뢰, 남북 평화 공존의 길은 후대에서 이루어지길 기대합니다.

제주 4.3 평화 공원 모습들 (2025년)

02

진길부 고교 시절 - 김태균 제공
〈고교 시절 동아리 '미네르바 부엉이클럽' 게재 수필〉

"버스에서 일어났던 일"

- 진길부 작성, 1964년 7월

보리 방학이 끝나 집으로 돌아오던 날이었다. 방학 동안의 피로와 그리 유쾌하지 않은 앞으로의 3시간 버스 여행을 생각하며 언짢은 기분으로 어머니가 싸주신 쌀 보따리를 짊어지고 5리나 되는 정거장으로 갔다. 이 여행을 할 때는 으레 한두 시간 기다리는 것이 보통이나, 오늘은 채 한 시간을 기다리기 전에 차를 탈 수 있었다. 그러나 보상을 받을 수 없음은 물론이고 오히려 만원사례였다.

덜컹 덜컹거리며 버스는 무심히 달린다. 손님들은 내키지 않는 마음으로 억지로 춤 아닌 춤을 추기 시작했다. 그 모습이 눈에 익어 아무렇지도 않게 생각하는 사람도 있었으나, 이런 여행을 해본 일이 없는 사람이나 이것이 우리 사회의 한 모습이라고 생각하지 못하는 사람들이 보았을 경우 낯을 찡그릴 정도, 아니 그 이상이었다. 정말 버스 댄스홀치고는 너무 값싸고 너무너무 활발 무쌍하여, 또 아기를 업고 안고서도 감당 못 하는 힘으로 추기도 하고 남녀노소 이 중에서도 정력이 없는 늙은이마저 또한 여러 방면으로 구속받고 있는 학생들마저 이 댄스홀만을 즐기고 간섭받음이 없다. 그러나 앉아 있는 사람들이 불평을 입 밖에 내지 못하는 것은 나무가 아니고 오징어가 아닌 사람이 빽빽이 들어박혀 건조될 때의 모습을 실제로 연출하기 때문이다.

이런 일들은 나의 운명과 거의 일치하였다. 내가 오인받았던 소매치기가 그것이었다. 내 곁에 한 중년 노인이 서 있었다. 누군가 그 노인의 바지 주머니를 건드렸던 모양이다. 어쩌면 고의적이었는지? 그러자마자 그 노인은 학생복을 입고 있는 학생인 나의 뺨을 너덧 대 후려갈기고 나서야 다른 쪽 쓰봉 포켓을 더듬는 것이 아닌가?

불행히도 그 노인은 반대쪽 포켓에서 나온 50원쯤의 돈을 확인하고 안도의 한숨을 내쉰다.

(중략)

이 나라를 짊어지고 나아갈 젊은 학도를 한갓 소매치기로밖에 보지 않는 그 노인의 마음속 눈이 매우 섭섭하게 수치스럽게 여겨졌다.

학생 아닌 학생의 옷을 입는 나쁜 놈들 때문이라고 생각하지만,

그 노인은 학생들을 이토록 경솔하게 대우하는지, 눈동자에는 눈물을 머금고 있었다.[1]

※ **편집자 앙케트 조사 설문의 답변 내용**[2] **(진길부 답변, 1964년)**

Q. 소금이 짜지 않다면?
A. 진길부 답변 – 그래도 소금이라고 부를 수 있다면 좋겠다.

Q. 세상에서 가장 아름다운 것은?
A. 진길부 답변 – 어린이의 천진난만한 모습.

Q. 세상에서 가장 두려운 것은?
A. 진길부 답변 – 내일 혹시 죽지는 않을까?

Q. 세상에서 가장 하고 싶은 일은?
A. 진길부 답변 – 제일 끝에서 살다가 영원한 여행을 하고 싶다.

....
1 진길부가 고교 시절 낡은 교복을 입고 버스로 이동 중에 소매치기로 오인한 중년 노인이 진길부 뺨을 때린 사건이 있었는데, 수필에서 오히려 나라를 짊어지고 나갈 젊은 학도를 의심하는 중년 노인을 애처롭게 바라보는 진길부의 마음이 담겨 있는 글이다.
2 1960년대에는 위와 같은 '앙케트 조사 설문 답변' 형식이 유행하였다. 고등학생 진길부의 마음의 단편을 알 수 있는 앙케트 내용이다.

오현고등학교 현재 (2025) 역사관 모습

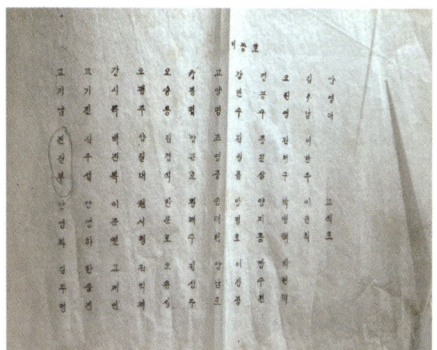

1966년 졸업앨범 오현고등학교 사진들

03

서둔야학사

― 황건식(농과대학 농학과 63학번) 글

    서둔야학의 역사는 일제 강점기로 거슬러 올라가 1926년에 수원고등농림학교 출신 김성원, 김찬도 선생 등이 가난한 농민들을 대상으로 문맹 퇴치를 위해 경기도 수원시 서둔리에 야학을 개설하면서부터 시작되었다.

    서둔야학은 해방과 전쟁 시기의 휴면기를 거쳐 1954년에 서둔교회의 김용준 장로를 중심으로 문맹 퇴치와 기독교 포교 목적으로 재설립되었고, 1955년에는 공민학교의 인가를 받아 서둔공민학교가 되었다가 1958년 서둔공민학교가 인가 취소되고 경기도 수원시 탑리 공회당으로 서둔야학교가 이전하게 되었다.

    1959년에 오희웅(서울대 농대 잠사 59) 등이 농사원(현 농촌진흥청) 강당에 서둔야학교를 개설하고 활동을 재개하였다.

    1964년에는 서둔야학교 시설을 서울대학교 농과대학 목장으로 이전하여 서울대학교 농과대학 학생들 중심으로 운영이 되었다. 백상덕(서둔야학교 1960년 교장), 원중식(농학, 60), 전용운(농공, 60), 이영찬(농학, 60), 이근후 (농학, 60) 등이 서둔야학 발전에 힘썼다.

1961년에는 이석우, 1962년에는 류명하, 1963년에는 안영수(임학, 61, 1963년 서둔야학교 교장), 이용남(축산, 61), 황건식(농학, 63), 조윤옥(농가정과, 63, 전용운 부인) 등이 야학활동을 계속했었다.

1964년에는 노기환(농학,64), 김한균(축산, 64), 박광식(수의, 64), 김영옥(농가정과, 64, 황건식 부인) 등이 서둔야학교를 이끌었다.

이때까지는 농대연습림, 폐 양계사, 마을회관 등에서의 더부살이 야학교였다.

황건식(농학, 63, 농사단 1965년 서둔야학교 교장) 때인, 1965년 12월 5일에 수원시 탑동 539-1번지 부지를 매입하여 서둔야학교 교사를 신축하게 되었다.³ 서둔야학교 건물 대들보에 교사 신축 시 함께 고생한 사람들의 이름을 기록하였다.

전용운(농공, 60), 김한균(축산, 64), 박광식(수의, 64), 전점순, 변승호(수의, 64), 이원정(잠사, 65), 이희근, 장준택(농학, 64), 김근영(잠사, 65), 심선우(임학, 65), 박양혜(농가정, 64), 염영혜(농가정, 65), 한왕석, 노기환(농학, 64) 등의 이름이 남아 있다.

1966년에는 김한균이 교장을 맡고 최찬영(수의, 66), 이문한(수의

---

3 지은 지 50년이 넘어서 낡은 서둔야학교 교사(경기도 수원시 탑동 539-1번지)는 2016년에 황건식 교장이 사비 2천만 원을 들여 리모델링했다. 수원시(수원시장 염태영, 농화학 80)에서 지속적으로 관리를 해주고 있으며 일반인들도 찾아가 볼 수 있다. 진길부를 비롯한 황건식, 이문한 등 야학교사와 서둔야학 졸업생 등 50여 명이 복원된 서둔야학교에서 이날 기념사진을 찍었고, 〈브라보 마이 라이프〉라는 시니어들을 대상으로 하는 잡지사에서 서둔야학 홈커밍데이의 이모저모를 취재해서 2017년 12월호에 실었다. (박애란 작가는 브라보 마이 라이프사의 동년 기자로 3년간 활동했음)

66), 진길부(잠사, 66) 등의 학생들이 대를 이어 활발하게 향토 교육의 씨앗을 뿌려 나가게 되었고, 진길부는 1966년부터 1968년까지 열성적으로 참여하였다.

1966년에 입학한 진길부는 부족했던 야학교 시설인 창고와 화장실을 흙벽돌로 찍어 완성하는 데 크게 이바지했다. 서둔야학교 교지 〈서둔〉 제1호, 2호를 발간하는 일에도 열정적으로 참여했다. 서둔야학교 교지는 이후 매년 발간됐다.

1966년 후반기에 김한균 교장의 군 입대로 변승호(수의, 64)가 야학교 교장에 취임하였으며, 이때 서울대학교 농과대학 상록학보사 제정 제4회 상록문화상을 수상하기도 하였다.

1967년에는 학강 교사들이 직접 3인용 책상과 걸상 24조를 만들었는데, 농공과 고재군 학과장의 배려로 농공과 실습실에서 만들 수 있었다. 야학도서 모으기 운동을 전개하여 141권을 수집하기도 하였다. 김상수(농학 67)와 서둔야학생인 박경자와 박애란이 함께 인천에 있는 제물포고등학교에 가서 교장 선생님께 부탁을 해서 헌책을 얻어 왔다.

1967년에는 조봉환(농학, 67), 김상수(농학, 67), 목일진(농학, 67), 조용민(농교육, 67) 등이 활동했다.

1968년에는 조성훈(수의, 67), 나병국(농화학, 68), 김주헌(68, 고 김진삼의 동생), 박봉현(잠사, 68) 등이 활동을 이어 나갔고 1969년 이후에는 이무영(축산, 69), 김경수(농교육 69), 1970년대에는 박중희(축산 73), 강석찬(농교육, 76), 김상원(원예, 76) 등으로 서둔야학교 활동이 이어졌다.

1980년대 전두환 군사정부 시절, 서둔야학교가 대학 운동권 학생들의 근거지가 되고 있다는 공안정국의 인식과 실제적 탄압으로 서둔야학교의 전기를 단전하고, 정보원을 통한 정보수집과 학생운동 탄압으로 1983년 서둔야학교는 마침내 폐쇄당하게 된다.

서둔야학이라는 공동체는 서울대학교 농과대학생들이 피 끓는 열정을 가지고 가난과 무지와 맞서서 젊은 날의 하루하루를 야학생들에게 아낌없이 바쳤던 사랑과 봉사의 단체였으며, 학생운동과 농촌운동에 임하는 수련의 현장이었다.

진길부는 이러한 서둔야학교 시절인 1966년부터 1969년까지 혼신을 다한 학강 활동과 야학교사 증축에 중추적인 역할을 맡았다. 서둔야학교 활동을 하였던 황건식 등에 의하여 2000년 서둔야학사가 발간되어 전국 주요 도서관에 『서둔야학의 발자취』라는 책자가 비치되어 있다.

서둔야학 제자 박애란 씨가 황건식 교장선생님에게 들풀로 만든 꽃을 꽂아드리고 있다

1965년 서울대학교 농과대학생인 서둔야학 선생들과 야학생들이 함께 만든 서둔야학 건물
(황건식 선생님이 2016년도에 리모델링함)

04

서둔야학 시절의 진길부

- 당시 서둔야학 학생이었던 박애란 작가의 회고

  이 글은 도드람 협동조합을 만드시고 대표로 활동하시며 축산 농가 농민들의 어려움을 앞장서서 헤쳐 나가시던 도드람 전 대표였던 진길부 선생님에 대한 전기입니다. 서둔야학에서 활동하셨던 부분을 서둔야학생인 박애란이 맡아서 쓴 글입니다. 서둔야학은 서울대학교 농과대학생들의 봉사단체로 농대 주변의 청소년들에게 야간에 공부를 가르쳐주시던 곳입니다. 서둔동, 탑동, 북립말 등 농대 인근 동네와 매산동, 세류동 등 시내의 불우한 환경의 비진학 청소년들에게 공부를 가르쳐주셨습니다. 서둔야학 스토리

는 박애란 작가의 책 『사랑 하나 그리움 둘』에 구체적으로 그려져 있습니다.

  1964년부터 1967년까지 서둔야학을 다녔던 박애란 작가는 감히 말합니다. 서둔야학 선생님들이야말로 세상에서 가장 훌륭한 스승님들이었다고 말입니다. 야학 선생님들이 서둔야학 활동에 얼마나

진심이었는지 그 당시 야학 선생님들의 말씀을 들어보면 알 수 있습니다.

"우리는 서울대학교 농과대학을 다닌 것이 아니라 서둔야학을 다녔다"라고 하셨거든요.

박애란 작가가 쓴 서둔야학 이야기의 책 제목이 왜 '사랑 하나 그리움 둘'일까요? 박애란이 서둔야학에서 선생님들의 사랑을 받으며 공부한 햇수는 4년인데 그리움은 평생 가기에 붙인 제목이랍니다.

서둔야학은 서울대학교 농과대학의 전신인 수원고농부터 이어져 온 전통 깊은 야학으로, 1920년대부터 1983년까지 운영됐습니다. 처음에는 '문맹 퇴치', '민족의식 고취' 등 주민들을 계몽하다가 우리들 대에 와서는 초등학교가 의무교육이 되니 교육과정이 자연스럽게 중학 과정으로 바뀌었습니다. 박애란 작가는 서둔야학 중학 과정 1기 졸업생입니다.

"최고의 휴머니스트! 진길부 선생님"

— 서둔야학 제자 박애란

야학 시절에는 서둔야학 선생님들이 경제적으로 여유 있는 집안의 자제들인 줄 알았다. 나중에 알고 보니 어머니가 삯바느질하

신다든가, 새우젓 장사를 하시든가 선생님들의 가정형편도 별로 좋지 않았다. 그런데도 야학 선생님이 되어 야학생들에게 시간과 마음 그리고 물질을 바쳐 헌신하셨다. 이 점 서둔야학 선생님들께 더 깊이 감사드린다.

진길부 선생님도 그중 한 분이었다. 진 선생님의 부모님은 '제주 4·3 사건'으로 억울하게 돌아가셨다. 진 선생님도 그 생지옥에서 간신히 목숨을 건지셨다.

키가 크시고 잘생긴 진 선생님은 웃으실 때 드러나는 덧니가 인상적인 분이었다. 손은 거칠기가 세상에서 둘째가라면 서러우신 분이었다. 부모님이 계시지 않았기에 당신 손으로 학비를 해결하며 공부하셨으니 그 고생은 가히 상상을 초월할 것이다.

들은 바에 의하면 1년 벌어서 1년 공부할 정도로 힘들게 학업을 닦으셨다. 험한 일 궂은일 가릴 수가 없었던 선생님의 손은 늘 상처투성이였으며 굳은살이 박여서 울퉁불퉁했다.

그리고 입고 있는 옷은 군복에 대충 검은 물을 들인 작업복 아니면 서울대 교복 차림이었는데, 자주 빨아 입지 못해서인지 옷이 얼룩덜룩할 때가 많았다. 선생님의 거친 손이 안쓰럽게 생각된 나는 언제부턴가 진 선생님을 뵙게 되면 얼른 손부터 살펴보게 됐다.

가는 세월에 따라 손도 늙었을 텐데 진 선생님의 손은 오히려 옛날보다도 더 고와지신 것 같았다.

한 해 벌어서 한 해 공부를 해야 할 정도로 재정적으로 힘든 상황인데도 서둔야학 선생님이 되셨다는 것은 선생님의 유별난 휴머니즘 때문이 아니었을까! 생각한다. 야학 시절 나는 진 선생님과 많은 대화를 나눴다. 주로 야학 수업이 끝난 후 나를 집까지 데려다주시는 동안에 긴 대화가 이어졌다.

사실 이 부분을 다루기는 무척 조심스러웠다.
사람의 진정을 헤아리기보다는 얄팍한 호기심으로 남의 집 창문을 들여다보려는 단세포 구조의 사람들에게는 자칫 오해를 불러일으킬 소지가 없지 않기에. 그러나 야학 시절 나와 우리 가족을 가장 살뜰히 사랑해 주셨기에 지금도 내게 따스한 난로가 되어주고 있는, 그러므로 가장 소중한 의미가 담겨 있는, 내 청춘의 빛깔 고운 커튼을 조심스럽게 걷어 올려본다.

"얘, 니가 뭐 잘난 게 있다고 진 선생님께 그렇게 쌀쌀맞게 굴었니?"
"선생님이 너한테 얼마나 잘해 주셨니? 그것도 모르고…."
10여 년 전에 만난 야학교 동급생들은 우연히 화제에 오른 진 선생님 얘기 도중 이런 식으로 나를 무차별 공격했다. 서둔야학인들은 지금도 '서둔야학회'라는 모임을 하고 있으며 '서둔야학 단톡방'에서 소통이 이뤄지고 있다.
사람이란 얼마나 오만한 동물이던가,

상대방이 조금만 잘해 주면 자기 분수를 까맣게 잊어버리고 기고만장하는 게 어리석은 사람이 빠지는 함정이었다.

『내가 알아야 할 모든 것은 유치원 때 배웠다』라는 책이 있는데 나는 연애감정의 알파와 오메가를 10대인 야학 시절에 이미 터득하고 있었다.

자신이 좋아하는 B 선생님께는 늪처럼 깊이 빠져있는가 하면, 자신에게 약한 진 선생님의 감정 정도는 무시할 수 있는 이중성을 가지고 있었다.

순수하게 선생님으로서의 사랑이었는지 혹 약간은 변질된 감정이었는지 지금도 아리송하지만, 당시에 나는 내게 친절히 대해 주시는 진 선생님께 차갑게 굴었다.

이 점 아무 죄도 없이 어쩌면 마음에 상처를 입었을지도 모를 진 선생님께 두고두고 죄송할 따름이다.

늦게나마 아무것도 아닌 나를 그토록 소중하게 아껴주신 진 선생님께 열 번 백 번 머리 숙여 감사드린다.

우리 집의 가난 때문에 어쩔 수 없이 다니게 된 서둔야학이었지만 나는 여기에서 세상의 온갖 아름다움과 선을 만나게 되고, 그 만남의 감동은 단지 추억으로 그치는 것이 아니라 살아가는 내내 나를 격려해 주고 위로해 주고 있다.

한마디로 이 시절에 가장 질 높은 사랑을 받았다.

모든 것에 우선한 아름다움이 오염되지 않은 순백의 영혼이다.

그것은 그 자체가 큰 감동이라서 사람들을 정화하는 힘이 있다.

글자 그대로 최선의 사람들을 알았기에 그 후 다른 사람들과 인간관계를 맺으면서 정서적으로 맞지 않아 애를 먹었을지언정 그렇게 좋으신 분들을 한두 분도 아니고 몇십 분을 알고 있다고 하는 것이 얼마나 큰 축복이고 행운이랴!

달빛이 찬란한 10월의 밤이었다.

어디선가 '찌르르' 가을 풀벌레 소리가 들려오고, 길섶의 댑싸리에 달빛이 내려앉은 아주 아름다운 밤이었다. 코끝에 스치는 바람은 달콤, 상큼하였다.

야학교 수업이 끝나서 진 선생님이 나를 집까지 데려다주시는 길이었다. 우리 집에 거의 다 와서 이웃집 봉금이네 앞마당에서였다.

별안간 진 선생님이 교복 주머니에서 만년필을 꺼내어 내게 내미시며 말하셨다. 지금은 대학생들이 교복을 입지 않지만, 당시 농대생들은 날이 선선해지면 대부분 감색 교복 차림이었다. 그리고 가슴에는 라틴어로 '진리는 나의 빛'이라고 새겨진 서울대 배지를 달고 다녔다.

다들 어려운 때라서 특별히 옷이 따로 있는 것도 아니고, 그 들어가기 힘든 서울대 교복이니만큼 농대생들은 교복에 상당한 애착 내지는 긍지를 갖지 않았을까 싶다.

서울대 교복은 왼쪽 가슴에 세로로 20cm가량의 금빛 지퍼가

달려있는데 그 지퍼를 열어서 만년필을 꺼내셨다.

"애란아, 이거 내가 쓰던 건데 너 가져라."

"싫어요."

그때까지 겨우 연필 아니면 볼펜 정도나 쓸 수 있었던 나로서는 쉽게 갖기 힘든 필기구였다. 하지만 나는 받지 않았다. 왜냐하면 자존심이 상해서였다.

"그러지 말고 받아라."

"싫어요"

"제발 받아라."

싫다고 하는 내게 선생님이 세 번째 받으라고 재촉하시자 짜증이 나 버린 나는 신경질적으로 뾰족하게 대답했다.

"아이, 싫다니까요!"

그러자 진 선생님은 그만 땅바닥에 정중히 무릎을 꿇고 내게 그 만년필을 두 손으로 바치는 것이 아니신가?

그때 달빛은 만년필 위에서 반짝이고 있었다. 정확히 말하자면 스테인리스 스틸로 만들어진 은빛 손잡이 위에서.

"세상에! 맙소사!"

순간 나는 너무 당황하고 황송해서 얼른 두 손으로 만년필을 받았다.

자신이 존경하고 따르는 선생님이 그렇게까지 나오시는 데야 제자인 내가 더는 받지 않고 버틸 재간이 없었다.

발이 땅에 닿았나? 황홀감에 빠진 나는 정신이 달아난 채로 발걸음을 옮겨야만 했다.

어느새 집에 도착해서였다. 아직도 선생님의 온기가 남아 있는 그 만년필을 손에서 놓지 못하고서 내내 만지작거리고 있던 나는 쉽게 잠을 이루지 못했다. 하얀 달빛이 노니는 쪽마루 끝에 앉아서 거푸거푸 그 장면을 생각해 보며.

"아! 너무나도 낭만적이고 황홀한 밤이었어!"

그 후 두고두고 그날 밤 그 장면을 떠올리며 황홀해하던 나였다.

진 선생님이 22세, 내 나이 17세 때 일이었기에 어느덧 57년의 세월이 흘렀지만 지금도 나는 그때 그 장면을 선명히 그려낼 수 있다.

달빛이 찬란히 빛나던,
아름다운 젊은 날의
내 소중한 추억이여!

제도권에서 교육받은 대부분의 사람은 이것을 이해하는 데 무리가 있을 것이다. 하지만 에머슨은 말했다. "교육의 비결은 학생을 존중하는 데 있다"라고.

어려운 가운데서 자존심만 파랗게 돋아 있는 제자의 속내를 최대한 배려해 주신 진 선생님.

이것은 절대 흔치 않은 장면일 것이고 그런 의미에서 아마 나보다도 더 환상적인 학창 시절을 보낸 사람은 없을 것이다.

선생님께 고마운 것은 선생님은 제자인 내게 일방적으로 명령을 하지 않으셨다. 황 선생님같이 명령해서 억지로 받게 했으면 자존심이 상한 내가 또 눈물을 찔끔거리며 받지 않았을까? 싶다. 그런데 선생님은 내 취향대로 해 주셨다.

현실 속에서는 비참한 신분일망정 상상의 세계에서의 나는 언제나 고고한 공주님이었는데 내 정신세계를 당신 눈앞에 펼쳐 놓은 듯이 잘 알고 계신 선생님은 기꺼이 내 최초의 기사님(?)이 되어 주셨다.

나처럼 아름다운 추억을 많이 가진 사람도 흔치 않을 텐데 그 많은 추억 속에서도 가장 아름답게 빛나는 분은 단연 이분이다.

이 로맨틱한 멋진 기사님(?)을 내 숨이 끊어지지 않는 한 어찌 잊을 수가 있으랴!

진 선생님이 언젠가는 내게 "이놈의 귀족주의자야"라고 하신 적이 있다.

그것은 가난하지만, 자존심 강하고 꿈 많은 문학소녀인 나를 한마디로 콕 집어낸 말로서, 나는 끝도 없이 중세의 아름답고 우아한 공주를 동경하고 있었다.

꽃과 음악이 어우러진 화려한 무도회와 우리집 발코니에 예쁜 꽃을 들고 와서 세레나데를 불러 줄 멋진 기사님을 꿈꾸곤 했다.

그 당시 우리 방 벽에는 내가 도화지에다 커다랗게 그린 후 형체대로 오려서 붙인 공주님 그림이 있었다.

내 그림 속의 공주님은 얼굴이 계란형이었으며 쌍꺼풀이 커다랗게 진 눈은 크고도 동그라며 검은자위 가운데는 다이아몬드가 반짝였다. 속눈썹은 슬프도록 길며, 코는 오뚝했고 입은 앙증맞을 정도로 작았다.

머리는 웨이브가 지면서 갈색으로 부드럽게 물결쳤으며, 허리는 끊어질 듯이 잘록한가 하면 원피스 자락에는 층층이 프릴을 달아서 화려함을 마음껏 자랑했다. 옷 색깔은 주로 스모그 톤 보라와 인디언 핑크였다. 방 안에 가만히 앉아서 자신이 그린 그림을 쳐다보며 상상의 나래를 펴 보는 시간은 소중하고도 나만이 가질 수 있는 비밀스러운 즐거움이었으나, 아버지는 "벽에다 그런 것을 붙여 놓으면 귀신 나오니까 떼어 버려라"라고 하셔서 나를 무참하게 만드셨다. (우리 아버지는 딸들 가운데서도 유난스러운 내가 감당이 잘 안 되시는 듯싶었다.)

어느 날 진 선생님이 말씀하셨다.

"어릴 때는 과자 한 봉지를 실컷 먹어 보는 게 소원이었다"라고.

당신 어릴 때 생각이 나서였을까? 엄마가 일을 나가셔서 어린 우리만 허름한 초가집에서 추워서 옹송그리고 있었다. 그때 한 줄기 따스한 빛이 돼주셨던 분이 진 선생님이었다. 몸도 마음도 춥고 외로운 우리 다섯 형제에게 이따금 부채 과자와 밤과자 등이 수북이 담긴 봉지를 갖다주셨다. 그 봉지를 만든 종이는 키 펀치 용도의 특수한 종이였다.

가톨릭 신자인 진 선생님은 철저한 휴머니스트이다.

우리 아버지가 서울대병원에 입원해 계실 때는 바쁘신 틈틈이 문병을 가 주셨고, 아버지가 돌아가셨을 때는 우리 가족을 돕느라고 물심양면으로 애쓰시던 선생님은 아버지 산소 양쪽에 어디선가 구해 오신 진달래꽃까지 심어주셨다.

우리 가족을 보살펴 주시던 진 선생님은 야학교 후배 윤선이가 아버지를 잃었을 때는 또 그 후배를 돕느라고 동분서주하셨다.

우리 아버지와 윤선이의 아버지가 돌아가신 것은 우리가 서둔야학을 졸업한 지 각기 1, 2년 후의 일이었지만 진 선생님은 졸업한 야학생들의 궂은일까지도 모른 척하지 않고 끝까지 보살펴 주신 것이다.

당신도 여러 가지 복잡하실 텐데도 제자들을 그렇게 살뜰히 보살펴 주시는 분이었다.

진 선생님은 우리에게 늘 "참을 위하여 일생을 바치라"라고 강조하셨으며, 아침에 일어나면 화장실부터 가서 그날이 몇 날 며칠인가부터 생각하라고 하셨다.

1968년 아버지가 돌아가신 후 우리 아버지 역할을 대신해 주신 분은 진 선생님이었다. 30여 년 전 이천 농장으로 찾아가서 만나 뵌 진 선생님은 말씀하셨다. "아버지가 돌아가시기 직전에 우리 형제들을 선생님께 맡기셨다"라고. 아버지는 왜 진 선생님께 그런 무거운 짐을 지워주셨는지 모르겠다.

내게 그리도 마음 써 주신 것은 내가 잘됨으로 해서 다른 형제들까지 내가 잘 이끌어 주었으면 하는 바람으로 그리하신 거라고 말씀하셨다.

읽을 책 하나 변변히 갖지 못한 우리 형제들에게 두터운 골판지로 된 김유신 장군 책과 외국의 동화책을 사다 주셨는데, 영어로 돼 있던 그 책의 내용은 기억 못 하지만 주인공 소녀의 토실토실한 볼은 지금도 내게 '참 귀여웠다'라는 인상으로 남아 있다.

또 책을 좋아하는 내게는 특별히 헤르만 헤세의 『페터 카멘친트』를 선물해 주셨는데 내용은 별로 내 흥미를 끌지 못했지만, 선생님의 사랑이 묻어있던 그 책에 상당한 애착을 가졌기에 오랜 세월 소중히 간직하고 있었다.

어디선가 어렵게 구한 은박지를 입힌 표지로 책을 곱게 싸서 보관했으며 책을 볼 때는 손을 비누로 깨끗이 씻은 후 보곤 했다.

애국애족의 정신이 투철하신 선생님의 영향을 받았던 나도 그 면으로 관심이 많았다. 나는 초등학교 외에는 주간에 학교를 다닌 적이 없다. 내 손으로 학비를 벌며 학교에 다녀야 하기 때문이었다.

학비를 걱정하는 가난한 고학생이면서도 나라와 민족을 망각하면 안 되는 줄 알았던 나다.

덴마크의 개척자 달가스, 이스라엘의 민족지도자 그룬트비히와 우리나라의 안창호 선생 등 애국애족의 민족주의자에게 한창 매료되어 있던 내가 유달영 교수의 『유토피아의 원시림』이라는 책을 보고 싶어 하는 것을 알게 된 선생님은 어디선가 그 책을 구해다 주셨다.

'나라와 민족', 그 헤엄칠 수도 없는 거창한 이상주의의 바다에 빠져버린 것이었다.

1970년도에는 개척농사단 회원들이 남의 밭을 빌려서 딸기 농사를 지었다. 가난한 고학생인 내가 일요일에는 그곳에서 딸기를 따서 학비에 보탬이 되도록 하신 분은 진길부 선생님이었다. 그때 알게 된 딸기 품종이 아모아였다. 아모아는 몸체가 단단하고 새콤달콤한 맛이 더 강한 개량 품종이었다. 딸기 모양도 예쁘고 이파리도 다른 품종보다 색이 더 푸르고 모양새가 좋았다.

서둔야학 생물 선생님이었던 진 선생님은 수학 포기자인 내게 우리 집으로 오셔서 특별히 수학을 가르쳐주시는 정성을 보이기도 하셨다. 내가 한 번에 알아듣지 못하면 몇 번이라도 반복해서 자상하게 설명해 주셨다.

ROTC를 마치고 소위로 군 복무를 하실 때는 내게 자주 편지를 보내주셨다. 어느 날은 타원형의 작은 나무 열매를 동봉하고 그 나무에 관한 설명을 적어주기도 하셨다.

2017년 8월 26일, 야학 시절 내게 만년필을 선물로 주셨던 진 선생님께서 하늘나라로 가셨다. 서둔 야학 단톡방에서 이 소식을 알게 된 나는 그야말로 하늘이 무너지는 심정이었다.

"이게 무슨 일이야! 말도 안 돼! 이 일을 어떡하면 좋아! 지난 2월에도 예술의전당에서 모습을 뵈었는데!"

아아! 임은 가셨는데
임을 보내 드릴 수가 없습니다.
그 크신 은혜를 조금이라도 갚아야 하는데…
북한농업 발전, 미얀마 농촌 프로젝트 등 나라와 민족을 위하여 굵직한 일들을 여기저기 벌여놓으셨는데,
아직 할 일이 너무도 많으신데,
어찌 그리 황망히 가셨나요!
선생님! 내 사랑하는 선생님!

삼성병원 장례식장 분향실 꽃 속에 계신 선생님의 영정사진을 보고 또 보았다. 가슴이 먹먹하고 미어졌다. 그로부터 몇 개월간은 하루도 선생님을 생각하지 않은 날이 없었다. 그런데도 밥을 먹고 잠을 잘 수 있는 자신이 용납되지 않았다. 내 아버지 어머니가 세상을 떠나셨을 때도 이 정도로 가슴이 미어지지는 않았다.

20여 년 전의 어느 날이었다. 별안간 눈이 보이지 않게 된 진 선생님께 내가 말했다.
"선생님, 제가 이제 아무 데도 가지 않고 선생님 곁에서 선생님을 보살펴드릴 거예요. 선생님의 눈이 되어드릴 거예요."

깨고 나니 꿈이었다. 너무도 생생한 꿈이었다. 내게 끝없는 사랑을 주셨던 선생님에 대한 마음이었다. 그때까지 받기만 한 사랑을 조금이라도 갚고 싶었던 충정이었다.

존경하고 사랑하는 진 선생님,
제 숨이 끊어지지 않는 한 가슴에 고이 모셔두겠습니다.
선생님은 너무도 아름다웠던 제 동화 속 왕자님이었습니다.

진 선생님이 병환으로 72세 나이에 세상을 떠나신 후였다. 몇 개월은 선생님이 떠나셨는데 밥을 먹고 잠을 자는 자신이 용서되지 않았다. 그해 가을에 한시블 카페 모임이 있어서 2호선 대림역에 내려서 지하철 플랫폼을 걸어가던 중이었다. 한 상점에 부채 과자와 밤과자가 쌓여있었다.
"아! 추억의 부채 과자와 밤과자라니!"
그 과자들에 50여 년 전 우리 형제들에게 그것들을 사다 주시던 진 선생님의 모습이 오버랩되며 선생님에 대한 그리움이 폭포수같이 밀려왔다. 때마침 만나게 된 한시블 카페 정순영 이사님을 부둥켜안고 엉엉 울 수밖에 없었다. 우리 아버지나 어머니가 세상을 떠나셨을 때 못지않게 진 선생님과의 이별이 깊이 아프고 슬펐다.
진 선생님의 나에 대한 정성을 너무 늦게 알아버리고 뼈저리게 후회하고 있다. 진 선생님께 좀 더 잘해 드릴걸 하고 말이다.

이 시점에서 우리 사회 이곳저곳에서 최고의 휴머니즘을 꽃피운 진 선생님의 숭고한 인품과 덕행이 많은 사람에게 길이길이 기억될 것을 믿어 의심치 않는다.

서둔야학 소풍(1969년)

서둔야학 홈커밍데이(1980년)

05

개척농사단

– 김왕호(농사단 회장)

1. 개척농사단의 출범

개척농사단의 모태인 농사단은 1960년 4.19 학생혁명을 계기로 탄생하였다. 4.19혁명 직후 복잡한 사회 분위기와 이에 편승한 일부 대학생 단체들의 정치 참여주장 등 여러 가지 상황으로 인해 청년 대학생들은 자기가 해야 할 일을 못 찾고 극도의 혼란 상황에 빠져 있었다.

이러한 시기에 당시 수원에 있던 서울 농대에서는 전교생과 7명의 교수들 (전체 1,000여 명)이 7월의 불볕같은 날씨에 수원에서 서울까지 백여 리 길을 행군하였다. 이 행군은 혼란에 빠져있던 서울의 시민과 학생 대중들에게 민족의 미래에 대하여 진지하게 성찰할 것을 호소하는 것이 목적이었다. 백 리 행군의 경험은 서울 농대의 청년 농학들에게 역사의식을 일깨우는 계기가 되었고 학생들의 문제의식은 민족의 장래를 깊게 고민하는 논의로 이어지게 되었다.

그리하여 밤을 지새우며 토론하여 내린 결론은, 5천 년 가난에

찌든 이 나라를 구하기 위해, 뜻을 같이하는 농학들이, 당시 전 국민의 70% 이상이 생활하는, 농촌 부흥의 역군이 되자는 것이었다. 이렇게 결성된 모임이 바로 1961년 5월 17일 탄생한 농사단으로 구윤서(농화학 56), 조동주(농생물 58) 등의 선배들이 주축이 되었다. 농사단이라는 명칭은 농업 농촌을 지키는 사관(士官)인 농사(農士)들의 모임이라는 뜻으로 창안되었다.

2. 개척농사단의 활동

• 1960년대 초반

"농사는 흙으로 가는 대열이다."

1965년 탑동 288-1 초기 농사의 집에서
(왼쪽부터 황건식, 정성교, 박광식, 정진석, 최상호, 이지형, 이태호, 아주머니, 김상후, 이우진, 강용찬 형제들)

이른바 농사헌장(이념)에 들어가는 구절이다. 농사헌장은 창립 이래 여러 번 수정되었지만 이 문구는 항상 빠짐없이 들어가 있다. 이는 개척농사단은 출범 시부터 농업 농촌에 투신하는 것을 이념적 지향점으로 삼고 있었으며 '흙으로 가는 대열'이라는 말은 개척농사단의 정체성을 한마디로 나타내 준다.

　이 문장의 해석을 놓고, 과연 농촌으로 직접 들어가서 농사를 짓는 것만이 흙으로 가는 대열인가, 아니면 보다 넓은 의미의 농업부문 종사도 포함한다고 보아도 좋은 것인가에 대하여 열띤 토론을 하였다. 그러면서 회원들 사이의 엄청난 갈등이 생기고 조직의 분열도 겪게 된다. 청년 농학들이 대학 시절의 동아리 수준을 넘어서서, 농사단이라는 모임을 순수하고 진지하게 이끌어나갔음을 방증하는 것이라 하겠다. 그 결과 농사단은 1966년 11월 분리되어 개척농사회가 새로이 설립되고, 이 개척농사회가 2012년 49차 농사대회에서 다시 개척농사단으로 명칭을 변경하였다.

개척농사단 모임 및 현판식 (2013.11월)

개척농사단은 미래 이념의 실현을 위해서는 회원들이 형제애 이상의 더 끈끈한 정으로 맺어지는 것이 필요하다는 인식 하에 회원을 형제 또는 농사형제로 부르며 공동생활을 시작하였다. 개척농사단은 1962년 봄 농대 후문 밖에 셋집을 얻어 공동취사, 집단 합숙을 시작하고, 새벽 6시에 기상하여 연습림까지 4Km를 단체 구보하는 것으로 일과를 시작하였다. 이 새벽 구보는 당시 마을의 명물이었다.

이후 1963년 봄, 고 류달영 선생님께서 서클의 지도교수를 맡고 계실 때였는데, 농대 인근 탑동에서 농촌운동을 하고 계시던 고 최석우 선생님의 포도밭 한쪽에 대지를 마련해 주었다. 개척농사단 회원들이 모두 나서서 설계도를 그리고, 흙벽돌 찍기, 벽돌 쌓기 등에 직접 참여하면서 자체 건물을 마련하게 되었다. 이 집을 "농사의 집"으로 이름 짓고 회원들이 입주하면서 바야흐로 개척농사단의 탑동시대가 열리게 되었다.

• 1960년대 후반

1960년대 후반으로 넘어가면서 회원들 사이에서, 농사단이 '흙으로 가는 대열'을 표방한다면 실습농장이 필요한 것이 아니냐는 논의가 활발해지게 되었다. 때마침 1967년 "농사의 집" 앞에 위치한 논 1,500평이 매물로 나오게 되었고, 회원들은 땅 구입을 위한 모금을 시작하였다. 학생들이 기댈 수 있는 곳은 선배들뿐이었으므로, 졸업한 선배들에게 땅 구입금의 기부를 강요(?)하며 1년 동안 모금을 하였고, 결국 그 땅을 매입하였다.

땅을 매입한 후에는 어떻게 해야 할 것인지 회원들이 의논한 결과 논을 밭으로 전환해야 한다는 결론을 내었다. 왜냐하면 당시 수원은 딸기 철이 되면 서울과 수도권의 모든 청춘 남녀들이 모이는 청춘의 장소였으므로, 딸기밭을 만들고, 딸기농사를 지어 딸기 철에 사람이 많이 올 때 팔면 돈을 쉽게 벌 수 있을 것 같았다.

아무 경험이 없던 학생들이 보기에, 딸기를 직접 생산해서 팔면 큰돈을 벌 수 있을 거라고 간단히 생각한 것이었다. 그래서 회원들이 밭 만들기 대역사에 나서게 되었는데 그 작업을 농기계 하나 없이 삽과 곡괭이만으로 완수하였다. 그런데 막상 딸기 농사를 지어 보니 애로 사항이 한두 가지가 아니었다.

밭 만들기 개간 작업과는 달리 딸기 농사는 그게 아니었다. 딸기모종 심기, 김매기 등 영농작업이 벼농사와는 비교도 안 될 정도로 많았다. 특히 4~6월에 딸기 수확, 판매 등 노동력이 집중되어 1학기 중간고사와 기말고사 기간과 맞물리게 되었고, 그러다 보니 개척농사단 회원 대부분이 시험을 망치게 되었다.

그래서 이 당시 개척농사단의 주축이었던 67, 68학번 선배들은 요즘 만나면 학교 성적이 나빴던 것을 딸기농사 때문이었다고 핑계를 대며 웃기도 한다. 결국 딸기 농장은 다시 논으로 전환하는 등 우여곡절을 겪다가 1970년대 중반 실습농장은 중단하게 되었다.

• 1970 ~ 1980년대

앞에서 보듯 개척농사단은 1970년대 초반까지는 순조롭게 순항하던 가히 전성기였다. 1973년에는 60년대 초에 지은 '농사의 집'이 너무 허술하고 안전에 문제가 있다며, 선배 농사단 회원들이 나서서 현대식(?) '농사의 집'을 신축하기로 결의하였다. 선배 농사님들이 130여만 원을 모아준 것이 기본자금이 되어 새 농사의 집은 1974년 11월에 준공 입주하였다.

1972년에는 우리나라 역사의 수치라 할 수 있는 소위 유신시대가 시작되는데 이후 긴급조치들의 연이은 발동으로 일체의 집회활동이 금지됨에 따라 개척농사단의 활동은 급격히 위축되었다.

일례로 졸업선배들과 재학농사들이 일 년에 한번 만나는 농사대회가 15회째인 1978년부터 26회인 1989년까지 개최를 못 하게 되었고, 또 당시 반 유신 투쟁의 학생운동에 동참함에 따라 1975년에는 재학농사 3명이 학사제명 등의 처벌을 받았고, 1978년에도 1명이 처벌받는 불행을 겪었다.

• 1990년대 이후 ~ 현재

1990년대를 맞아 개척농사단은 조직의 부흥을 위해 신규 재학농사 모집에 나서는 등 새롭게 활동에 나섰다. 하지만 십여 년의 세월 동안 많은 것이 변하였다. 서울 농대뿐만 아니라 모든 학생세대들의 세태가 과거와는 비교할 수 없을 정도로 바뀌었다. 국가의 장래, 국민 빈곤문제 해결과 같은 문제를 놓고 토론하는 소위

이념 서클들은 학생들에게 외면을 받는 시대가 된 것이다.

개척농사단은 1990년대 초, 수년 동안 후배 회원 모집에 노력하였지만 결국 포기하게 되었다. 그리고 변화된 현실을 받아들여, 재학생 중심의 활동보다 졸업농사 중심의 활동을 하기로 방향을 바꾸게 되었다.

개척농사단 회보를 1990년부터 발간을 시작하여 격월 단위로 발간하였으며, 또 그간 활동을 집대성한 농사 30년사, 농사 45년사를 발간하였다. 그리고 졸업농사 재학농사가 함께하는 개척농사단의 큰 잔치가 농사대회인데, 2013년 11월 2~3일 이틀간 경기도 이천의 한국양돈기술원에서 제50차 농사대회를 치렀다. 총 58명(졸업농

2013년 제50차 농사대회

사 38명, 부인 20명)이 참석하는 성황을 이루었는데, 간만에 만난 농사들은 지난 추억들을 얘기하느라 밤을 새는 것이 예사이다.

이 농사대회는 개척농사단의 가장 의미 있는 행사로 농사들의 부인들도 동참하는 잔치로서, 매년 학생의 날이 있는 주말에 개최하고 있다.

현 개척농사단의 주요 활동을 이해하기 쉽도록 제50차 농사대회에서 결의된 2014년 안건들을 나열해본다.

1) 텃밭 운영의 참여확대와 내실화
2) 농사 사료관 설치
3) 고 김진삼 농사 묘소 보존위원회 설치
4) 2014년 중국 운남성 단체관광
5) 2014년 농사대회 수원 서울농대 인근 개최

3. 개척농사단의 사업

* 비영리 공익재단법인 설립운영—농사문화재단

회원인 진길부가 경기도 이천 소재의 땅 2400평을 출연하고 농사단이 현금1억 원, 황건식 회원이 500만 원, 도드람조합과 30여 명의 독지가가 4억여 원, 정부가 6억 보조하여 도합 12억여원으로 재단법인 도드람농사문화재단을 설립하여 농민교육을 실시하고 있다.

30~40명이 장기 숙식할 수 있는 생활관과 연수관을 두루 갖추고 실습농장으로서 양돈번식돈사 400여 평에 모돈 130두를 확보한 당시로서는 아세아 유일의 양돈현장기술교육원을 1996년 3월

에 개원 운영하게 된다.

　재단법인으로 개원 이래 2010년까지 생산 농민은 물론 일선 지방 공무원까지 19,000여명의 수료생을 배출해 왔다.

　한국의 양돈 기술을 선진 단계로 발전시키는 데 크게 기여했다고 자부한다.

　2010년 법인 명칭을 "녹색부농"으로 변경하여 농업 전반의 21세기 한국형 농민교육을 시도하고 있으며 양돈부문은 생산교육기관에서 연구개발기관으로 선회하고 있다.

* 흙살리기참여연대

　사단법인 흙살리기참여연대는 1999년 11월 정진석 농사(농학 62)가 대표 설립 발기인으로 출범하였다. 이 과정에서 개척농사단 회원 전원은 설립 발기인으로 참여하였고, 특히 임긍순 농사(농화 67)가 사무총장으로 참여하여 실무 작업을 완수하였다. 고참 농사인 심재익(잠사 56) 선배께서 설립 종금으로 5백만 원을 기부하였다.

　흙살리기참여연대의 사업을 간단히 요약하면
　1) 내 고장 흙살리기 500만 동조자 모집
　2) 국민의 인식제고를 위한 교육 홍보 활동
　3) 유기질 비료 사용에 대한 기술 정보 지원
　4) 토양 오염 원인에 대한 감시 및 고발 등이다.

06

도드람 창립 25주년 기념 진길부 인터뷰

진길부 전 조합장 인터뷰 발췌, 도드람 25년사(2016년 발행) 중에서

"도드람은 꿈과 행복이자, 희망의 원천입니다"

Q1. 도드람양돈조합의 초대 조합장을 시작으로 4대 조합장까지 일하셨습니다. 그만큼 조합원들의 신망이 두터웠다는 뜻일 텐데 그 비결이 뭔가요?

A. 진길부 답변 : 1996년 도드람중부양돈협동조합이 출범했을

당시 1년 임기의 조합장을 맡았어요. 그리고 이어 2대와 3대 조합장은 경선 없이 무투표를 통해 조합장으로 뽑혀 2004년까지 연임을 했습니다. 그런데 2003년에 도드람이 전북양돈조합, 광주전남양돈조합과 합병을 하면서 업무량이 엄청나게 많아졌습니다. 당시 조합이 회수하지 못한 채권이 100억 원가량 있었어요. 그리고 상임이사 제도를 도입하면서 유능한 분을 삼고초려 해서 모셔 왔는데, 그분이 오래 버티지 못하고 그만둔 상황이었어요.

결국 결자해지 하는 마음으로 4대 조합장 선거에 나서서 당선되었고, 산적한 일들을 처리할 수밖에 없었습니다.

Q2. 그럼, 도드람양돈조합장으로 재직하면서 가장 중점에 두었던 것은 무엇인가요?

A. 진길부 답변 : 저 또한 돼지를 키우는 양돈농민이자 도드람 조합원입니다. 따라서 조합장으로 일하면서 이러한 양돈농민 조합원들의 요청에 최대한 부응하고자 노력했습니다.

양돈농가의 목표는 '사료를 어떻게 싼 가격에 살 것인가?', '양돈 신기술을 익히고 정보 교류를 통해 어떻게 생산성을 높일 것인가?' 그리고 '이렇게 생산된 돼지를 어떻게 잘 팔 것인가'로 정리할 수 있습니다.

한마디로 돼지를 어떻게 잘 생산해서 좋은 가격에 많이 팔 수 있을 것인지에 대한 고민입니다.

그런데 이 문제가 그다지 간단한 것만은 아닙니다. 그래서 제가(진길부) 조합장으로 있을 당시, 사료 구매를 위해 자체 사료공장을 짓고 더불어 OEM 공장도 가동했습니다.

그러다 보니 이전에 농가 혼자서 따로 구매하는 것보다 10% 이상 사료값이 절감되었습니다. 또한, 돼지의 생산성 향상과 관련해서는 이전의 주먹구구 방식이 아닌 과학적이고 합리적인 도드람 전산기록관리(초기에는 데이터 피그)를 도입했습니다. 이걸 통해 양돈 현장에 대한 이해를 더 잘할 수 있게 되었고, 데이터를 통한 비교분석을 하다 보니 자연스럽게 양돈장 성적이 향상되더라고요. 또한, 화상 임신 진단기를 우리나라 최초로 양돈농장에 도입해 돼지의 임신 여부를 조기에 발견해 냈을 뿐만 아니라, 돼지의 다양한 측면을 고려한 효율적 경영을 하는 데에도 도움을 드렸습니다.

그리고 양돈장 생산성 평가지수로서 PSY(연간 모돈당 이유자돈 수)를 도입해 20.0두에서부터 시작해서 계속해서 높여 갔습니다. 이렇게 생산된 돼지를 유통조직인 ㈜도드람유통을 통해 냉동육이 아닌 냉장, 신선육으로 팔아 많은 이익을 얻을 수 있었습니다.

결국 사료 비용은 줄이고, 돼지 생산은 효율적으로 하며, 판매이익을 높이자는 것이 제가 양돈조합장으로 일하면서 가장 중점을 둔 부분입니다.

Q3. 사료 구매에 있어서 다른 양돈 조합과의 차이점이 있었나요?

A. 진길부 답변 : 도드람조합은 100% 공개를 원칙으로 했습니다. 사료 원료 거래 가격뿐만 아니라 유통비용 등 다양한 부가비용까지 공개하였습니다. 즉, 사료 가격에 대해 100% 공개한 것이지요.

또한, 사료 품질에 대해서도 농가 중심의 사료분과위원회를 두고 조합원들의 요구사항을 반영해 지속적으로 품질개선을 했습니다. 그러다 보니 다른 사료 회사와 비교해 봤을 때 가격과 품질이 농가에 유리할 수밖에 없었습니다. 다른 조합이나 사료 회사들은 그렇게 세세한 부분까지는 하지 않은 걸로 알고 있습니다.

Q4. 도드람양돈조합장은 양돈 조합원 권리가 중요한데, 그것에 대해서는 어떻게 해결하셨나요?

A. 저는 모든 조합원들의 의견을 듣는 것이 가장 중요하다고 생각했습니다. 그래서 이사회, 대의원회, 조합원 총회 활동도 전개했고요. 그리고 항상 회의할 때는 조합원 한 사람 한 사람의 의견을 경청하고 그것에 대한 반론도 제기하고, 재반박을 하면서 결론을 도출했습니다. 시간이 얼마나 오래 걸리든 상관 없어요. 오랜 시간 동안 토론한 끝에 나온 결론은 항상 도드람

의 힘이 되었습니다. 거기에서 주요한 가치가 생성되었고요. 그래서 농민들의 공감과 결집을 이루기 위해서는 끝장 토론이 반드시 필요하다고 생각합니다. 그래야 끌려가는 조합원들이 아니라 주인 정신을 갖고 끌고 가는 조합원들이 만들어질 수 있습니다.

Q5. 이전에도 많은 양돈조합들이 있었지만 길게 유지되지 못하고 도중에 해산되는 아픔을 겪었습니다. 도드람이 25년간(2016년에는 25주년) 지속적으로 성장할 수 있었던 비결이 뭘까요?

A. 진길부 답변 : 우리나라의 건국이념은 홍익인간(弘益人間), 즉 '인간을 널리 이롭게 한다'라고 알고 있습니다. 하지만 그 뒤에 따라붙는 단어가 있는데 그것이 이화세계(理化世界)입니다. 즉, 인간을 널리 이롭게 하는 데 이치(과학적 근거)로써 그렇게 한다는 뜻입니다.

그래서 처음 도드람을 설립하고자 모인 사람들은 '홍익인간, 이화세계'를 실행하는 것을 도드람 강령으로 정했습니다. 그래서 일을 하려면 경험에 따라 대충 하는 것이 아니라 정확한 과학적 근거를 가지고 해야 한다고 했습니다. 그리고 완전 공개된 상태에서 과학적 근거를 가지고 충분히 토의할 것을 지침으로 삼았습니다. 이것이 도드람양돈조합이 지금까지 온 원동력이라고 생각합니다.

Q6. 진길부 조합장님께 도드람이란 어떤 의미를 갖고 있나요?

A. '도드람'은 저에게 꿈과 행복이자, 희망의 원천이었습니다. '도드람' 설립 준비 단계의 초기 활동을, 무명회 활동으로부터인 1987년으로 본다면 그때 당시 제 나이가 41세입니다. 그리고 그때부터 지금까지(2016년) 30여 년 동안 '도드람'이란 이름 속에서 살아왔다고 해도 과언이 아닙니다. 즉, 제 청장년 시절의 전부라고 할 수 있습니다.

그 가운데에서 조합장으로 일했다는 것은 당번 역할을 해 왔다고 말할 수 있습니다. 조합장은 권한을 행사하거나 휘두르는 자리가 아니라 가장 낮은 자세로 조합원들의 목소리를 잘 들어 그것을 그대로 실행하는 사람이라고 생각합니다. 그래서 그동안의 제 경험을 도드람양돈조합에서 잘 활용해 주었으면 하는 바람도 있습니다.

Q7. 도드람 임직원이나 조합원들에게 당부하고 싶은 말씀이 있다면 부탁드리겠습니다.

A. 양돈농가뿐만 아니라 도드람조합 전 사업장은 흑자 경영을 통해 지속되어야 합니다. 한마디로 실적으로 말해야 하는 것입니다. 실적이란 돈만을 의미하는 것이 아니라 존재에 도움이 되는 모든 것을 말한다고 할 수 있습니다.

지금 도드람조합에게 바라는 것과 10년 전의 요구사항은 다를 수밖에 없습니다. 10년 전에 도드람은 재정적인 면을 비롯한 여러 가지가 많이 부족했지만, 지금은 그렇지 않습니다.

이제는 이렇게 축적된 힘을 잘 모아서 도드람 조합원 농가만이 아닌 우리나라의 전체 농가와, 더 나아가 다른 나라 농가까지 시대적 요구를 발휘할 때 제대로 실적을 낼 수 있으리라 생각합니다.

일례로 동남아시아에는 협동조합이 거의 없습니다. 힘이 없는 개별 농민이 살아남기 위해서는 협동조합이 필수인데 말이죠. 그곳에 지원사업 형식으로 도드람의 운영 방식 등을 전수해 줄 수도 있습니다.

또한 도드람은 이미 5년이 넘는 동안 북한의 돼지를 주도적으로 키워 낸 경험이 있어요. (앞부록 참조)

그게 바로 도드람의 기본 정신, 즉 '홍익인간, 이화세계'의 진정한 실행이라고 할 수 있을 것입니다. 결국 우리나라뿐만 아니라 다른 나라의 양돈산업 발전에 도움을 줄 수 있는 준비를 하라고 말하고 싶어요.

그리고 미래에 대한 준비를 겸손하게 해 가면 좋을 것 같아요. 그렇지 않으면 언제든지 무너질 수 있기 때문에 지금 당장 수익이 난다고 안주해서는 안 됩니다.

협동조합은 힘을 하나로 모아야 강력해질 수 있습니다. 덴마크의 양돈조합 데니쉬 크라운(Danish Crown)이 주장하는 핵심적인 말이 있는데, 그것은 'Farmers owned'입니다. 농민이 주인인 것에 그치는 것이 아니라, 농민에게 주인의 권리와 입장을 가져다주라는 뜻입니다.

이러한 것을 양돈농민에게 갖다주는 것이 임직원들입니다. 즉, 임직원은 양돈농가에 충성을 다할 뿐만 아니라 전문성을 키워 농민에게 실익을 가져다주었으면 합니다. 그렇다고 해서 직원이 농가의 종은 아닙니다. 서로 협동 주체로서 대등한 입장입니다. 그래서 조합원들이 직원에 대해 타박만 하지 말고, 격려해 주고 응원해 줘야 합니다.

따라서 제 생각에는 조합원만으로 의사결정이 이루어지는 것을 지양하고, 대위원회나 이사회에 10~20% 내에서 직원이 참여해야 합니다. 그리고 조합장과 이사들은 이런 직원과 조합원과의 관계를 잘 알고 있어야 합니다.

모쪼록 도드람양돈농협 임직원과 조합원들이 상생을 통해 더욱 빌진하는 모습을 보여주시길 부탁드립니다.

07

진길부가 남기고 간 것들

1. 진길부와 도드람 운동을 시기, 질투하는 사람들

 진길부가 주도한 도드람 운동이 모든 사람에게 환영받지 못한 것은 안타까운 현실입니다. 이는 자신이 주도하지 않은 일에 무조건 반대하는 사람들과, 남이 잘되는 것을 시기하는 사람들이 있기 때문일 것입니다.

 어떤 이는 양돈농가 중 잘하는 사람만 모아서 좋은 성적을 내는 것이 도드람조합인데, 누군들 그렇게 못 하냐고 말합니다. 다른 조합들은 잘못하는 사람도 안고 가야 하니 성적이 나쁠 수밖에 없다고 합니다. 일리가 있습니다.

 도드람조합에는 농장 경영을 잘하는 사람들이 모여 있으니, 지금은 잘못해도 잘해보겠다는 의지가 있는 사람만 참여하고, 잘해보겠다는 의지가 없는 사람은 아예 도드람 근처에도 오지 않는 것이 도드람조합 경영의 잘못은 아닙니다.

 도드람조합은 다른 지역 양돈조합과 협력관계를 만들기 위해 상당한 노력을 기울였지만, 만족할 만한 성과를 이루지 못했습니다.

 진길부는 네덜란드나 덴마크처럼 협동조합의 시장 점유율을

90% 이상으로 만들기 위해 여러 양돈조합에 손을 내밀었으나, 부실 경영으로 강제로 떠안은 전남·전북양돈조합을 제외하고는 협력 성과가 별로 없었습니다. 독자적인 돈육 브랜드를 가지고 있는 부경양돈조합과 대전·충남양돈조합은 시장에서 경쟁하니 협력하기도 어려웠습니다.

2. 홍익인간 이화세계, 협동조합 운동, 도드람 정신

진길부는 어려운 환경 속에서 자라나 어렵게 공부한 자신의 처지를 잊지 않고, 스스로 가난한 농민이 되어 손등이 소나무 등껍질처럼 갈라질 정도로 억척스럽게 일했습니다. 그는 많은 농민들의 애로사항을 항상 경청하고 함께 해결하려 노력했으며, 언제나 구성원들의 노력을 이끌어 내려고 애쓰면서 그들의 발전을 위해 물심양면으로 도와주었습니다.

또한, 공사 구분이 불분명한 일에는 언제나 사비를 사용하여 공금에 대한 의심이 들지 않게 자금관리를 철저히 하는 모범을 보였습니다. 진길부는 우리나라 농업과 양돈산업의 큰바위얼굴이라고 할 수 있습니다.

3. 황건식 님에게 쓴 옥중서신

　존경하는 나의 건식 형님에게
　그동안 참으로 고마웠습니다. 제주 촌놈이 육지에 와서 대학을 졸업할 수 있도록 아낌없는 지원과 사랑을 베풀어 주셨고 나의 영원한 동반자인 황인숙 동생을 저의 배필로 삼게 해주신 데 대하여 그 은혜를 갚을 길이 없습니다.
　농사단의 인연도 엄청난 축복의 연이고 서둔야학 역시 나의 청춘에서 잊을 수 없는 나의 생의 역사입니다. 이런 과정을 거쳐 이천에 터를 잡을 때도 인천집에서 태호 형이랑 서종혁이랑 모여 앉아 토지 사용 계약과 농장 개선에 따르는 여러 가지 준비를 해주시고 송아지도 한 마리 무상지원을 해주셨는데 하나는 빚을 갚지 못하고 지나왔습니다.
　늦었지만 지금이라도 어떠한 형태로든 지나간 많은 공물을 갚아 드려야 할 텐데 제대로 하지 못해 죄송할 따름입니다. 1981년 추운 겨울에 저희가 송정동으로 집을 사고 나올 때 이삿짐도 옮겨주면서 축하해 주셨고 연수원 설립할 때도 거금을 출연해서 큰 도움을 주셨는데 이천에 한 번도 초청하지 못하고 여태까지 바보처럼 지나왔습니다. 부평 어머님, 아버님 돌아가시면서 형제간에 불화가 생겼을 때도 만사 제치고 해결해 냈어야 하는데 제대로 역할을 못 한 것을 크게 후회하고 있습니다.
　이제 저는 지나간 일들에 대한 후회보다는 향후 어떻게 마음먹고 어떻게 행동하며 인생의 마지막을 잘 정리하며 마침표를 찍을 것인가 하는 문제에 대하여 좀 확실하게 하여 변호사 입회하에 유언장을 작성하려고 합니다.

오늘 면회 오셔서 말씀하셨던 것처럼 이제 돈이 중요한 요소가 아니라 인생의 가치와 철학 그리고 마음먹기가 더욱 중요하다는 데 전적으로 동의합니다. 농사단에 역동적으로 활력소를 불어넣어 이 시대 정신에 맞는 일들을 할 수 있도록 해보십시다. 이제 이 일을 함에 있어 많은 농사형제들이 경륜과 지혜가 쌓여 있는데 누군가가 Leadership을 발휘하지 못하고 있습니다. 그동안 최고 선배님들은 지휘 일선에서 후배들에게 양보하여 자문과 성원을 하시고 짐을 지고 가는 역할자가 나와야 합니다. 농사단 형제들이 결집되어야 합니다. 어떠한 이유로든 서로 이견이 있다고 해서 갈라져서는 안 되지요. 동주 형도 만나보시고 우리 농사단 형제들이 그동안 나름대로 활동해 왔던 과거를 돌이켜 향후 10년, 20년 후 장래의 안목에서 오늘을 정확하게 바라봅시다.

무한한 가능성이 전개될 수 있고 우리들이 이러한 개척정신을 후배나 후손들에게 승계하도록 잘 가꾸고 다듬어서 물려주어야 한다고 생각합니다. 저희가 그동안의 사업을 통하여 얻어진 여러 가지 조건들을 잘 정리하고 평가해서 의미 있는 기획을 통하여 보다 더 튼실하고 의미 있는 농사 형제들의 새로운 이정표를 구체적으로 만들어 내는 데 출연 또는 출자를 하고자 합니다.

사업을 함에 있어 생산요소인 토지와 자본 그리고 기술, 그 밖에 사업 조직과 그 운영 능력들이 경험을 통해서 많이 축적되어 있습니다.

사입해 주신 성경책을 성심을 다하여 읽고, 기도하는 생활을 시작하겠습니다. 아무쪼록 여러 가지 동생들이 서운하게 한 것을 넓은 아량으로 이해해 주시고 혜영 엄마하고 손잡고 눈을 서로 보면서 피는 물보다 진하다는 것과 돌아가신 부모님을 생각하면서 자랑스러운 형제자매를 만들어 갑시다. 제가 출소하는 대로 멀리 벌어진 형제 우애를 조금씩 조금씩 좁혀 가면서 추석, 설, 제삿날만은 일정 시간에 모여 앉을 수 있도록 해봤으면 좋겠습니다.

부디 몸 건강하시고 가정에 평화와 행복이 함께하기를 기원합니다. 감사합니다.

2015. 12. 17. 17:00

진길부 드림

존경하는 나의 김실형님 에게

그동안 참으로 고마웠습니다. 제가 초등이 육지에 와서 대학을 졸업할수 있도록 아낌없는 지원과 사랑을 베풂의 주셨고 나의 영원한 동반자인 하나뿐인 동생을 저의 배필로 삼게 해주신데 대하여 그 은혜를 갚을 길이 없습니다. 놈사랑의 인연도 영원한 축복의 연이고 선듯야학 역시 나의 혀존에서 잊을수 없는 나의 삶의 역사 입니다. 이번 귀향을 기회에 이곳에 터를 잡은 따님 인현진에게 대하여 이랑 서홀영아동 오여 있어 토지 사항가지역과 농장재배 에 대하낭 여여가이 중바는 해주시고 송아지를 한아리 무상지귀는 해 주섰도에 하나도 빛을 갚지 못하지 내고 있습니다. 늙어지어 지금이라도 어떠한 헝태로든 지나간 많은 은홍 갚아 드려야 할텐데 데에는 하지 못해 최송할 따름입니다. 1981년 초순 겨울에 그히가 송정동으로 집을사고 나올때 어시장도 품에 주면서 축하해 주섰고 영웅을 심정한 대우로 가슴 스추에체서 준도초은 주섰두게 아직에 한번도 칫차하니 못하고 생해지지 바분다는 지나 낮습니다. 북 가면 어여념 아버님 돌아가시영서 형제가에 불호기 생깁 분데도 빨사 저치고 해결하내 뽑아야 하옵나다

독특한 가능성이 전개될 수 있고 우리들이 이러한 귀하한 정신을 후배나 후손들에게 숨게 하도록 잘 가꾸고 다듬어서 물려주어야 한다고 사랑? 합니다. 계획과 ?동안에 사업을 통하여 맏기진 ?려가기 조건들을 잘 정리하고 도와가면서 의미있는 기획을 통하여 보다 훌륭하고 의미 있는 봉사체로서 새로운 어려움을 구해주는 맛? 배우고 훌륭 또는 후자? 라고야 합니다.
사업을 함에 있어 사장? ?인 토지? 자? 그리고 기? 그 밖에 사장?? 과 그 운영 ?? 들이 ??? 통해서 많이 축척 되어 있습니다.
사업해 주신 성장?은 성장? ??하여 ?고, 기도하는 생활하는 시작 하였습니다. 아무쪼록 ??? 동생들이 서로 ?게 할 것? ?는 아들? 이런 해주신? ??? ????? ?? ??? 되는 ?? 지하로 돌아가서 부모님 산장?에서 자랑?? ??? ???? ??? ??. 제가 ? ??? 여러 ??? ??? ?????? ??? ??. ? 제사 ??? ?????? ??? ?? ??? ????. 부의 ???하고 가?에 ???? ??이 함께하?? 기??하며. 감사?합니다.
2018. 12. 19. ??? ???

4. 평전 발간에 글을 보내주신 분의 편지 (이지혜 님)

진길부 아저씨께

아저씨의 소식을 뒤늦게 듣고 얼마나 죄송스럽고 아쉬웠는지 모릅니다. 제 아버지가 그렇게 황망히 돌아가시고 덩그러니 저 혼자 남겨질 때 제게 선뜻 손 내밀어 주신 아저씨의 마음이 아직도 따스함으로 간직되고 있습니다.

그동안 찾아뵙지 못하고 인사드리지 못해 너무 죄송합니다. 더욱이 가장 외롭고 힘든 싸움을 하셨을 때 위로드리지 못해 그것이 제 마음속에 속상함으로 오래오래 남게 될 것 같습니다.

잘사는 모습으로 삶이 좀 안정되면 인사드려야지 했던 것이 돌아가신 후 한참이 지나서야 엄홍우 회장님(전 한농연 5대 회장, 전 한국농어민신문사 대표)으로부터 부고 소식을 들었습니다.

우리 농업, 그동안 참 많은 시련이 있었지요. 아무것도 갖춰지지도 그렇다고 크게 관심 주지도 않던 소외되어 있던 농촌의 현실을 전 아직도 생생히 기억합니다. 아저씨와 제 아버지를 비롯한 분들이 그 척박한 땅에서 그래도 어떻게든 살아보겠다고, 해보겠다고 없는 살림에 희망 하나만을 가지고 그렇게 하나하나씩 이뤄내셨기에 오늘날에 이르렀다고 봐요.

제 아버지는 2003년 멕시코 칸쿤에서 WTO 농산물수입개방을 반대하시며 스스로 산화하신 고 이경해 열사입니다. 제 어머니는 농민운동가셨던 아버지를 보필하시다 1993년 1월에 교통사고로 돌아가셨습니다.

23살에 부모를 다 여의고 혼자 남게 된 저를 진길부 아저씨께서는 마음으로 돌봐주셨습니다. 비록 자주 뵙지는 못하였으나 간간이 전화로 제 안부를 챙겨주시던 분이셨습니다. 아니 무엇보다도 제 처지를 이해해 주시던 분이셨습니다. 당시 제 성격이 사회성이 좋지 않았지만, 그 부분도 충분히 이해해 주셨던 것 같습니다.

덕분에 다행히도 저는 그 힘든 시기를 버틸 수 있었고 그나마 엇나가지 않고 보통의 삶을, 남들만큼은 아니더라도 사람들에게 피해 주지 않고 더불어 잘살 수 있는 것 같습니다.
식물을 키우다 보면 잠깐 식물에 병충해가 생길 수 있는데 그때 관심 가져주고 유심히 봐주어야 다시 기운을 차리고 일어납니다. 제 상태가 그 상태가 아니지 않았나 싶습니다.

지금 생각해 보면 그저 제 안위가 걱정되어 그렇게 저를 챙기셨던 것 같습니다.
늘 희망을 주시고 잘할 수 있다고 격려를 아끼지 않으셨던 아저씨의 깊은 사랑에 늦었지만, 너무 감사를 드립니다.

그래요. 따스한 마음이 있었기에 어려운 현실을 외면하지 않고 그렇게 어렵던 사람들과 함께 맞서 삶을 살아갈 방법을 찾아 농촌에 계속 남으셨을 겁니다.

아저씨의 평전이 발행되어 너무 기쁘고 참 다행이라 생각됩니다.

아저씨가 남긴 발자취가 길이 되었고 많은 이들에게 희망을 주셨고 또 삶의 터전을 주셨다는 이야기를 남길 수 있게 되어 참으로 감사할 뿐입니다.

이 평전을 계기로 농업인으로 기업을 이룰 수 있다는 걸 보여주신, 기틀을 잡으신 아저씨의 업적이 길이길이 남길 바랍니다.

고 이경해 열사 막내

이지혜 올림

평전 편집위원 묘소 참배 사진

평전 편집위원 묘소 참배 사진

평전 편집위원 녹색부농 앞 촬영 사진

편집후기

김준영

 이 평전을 쓰기로 마음 먹은 지는 8년이 되었다.

 2017년 8월 진길부 님의 장례식장에 몇몇이 모여 평전을 써보자고 다짐을 한 후 4년이 지나서야 관계자 인터뷰를 하게 되었고 7년차에 들어서야 원고를 쓰게 되었다. 7년차 12월경에 책자 편집을 완료하고자 하였으나 난데없는 계엄령 선포건으로, 또다시 6개월여의 공백을 거쳐 드디어 8년이 다 되어 완성이 되었다.

 이 평전은 "홍익인간, 이화세계" 좌표 속에서 파란만장하게 살았던 인간 진길부의 삶을 전반적으로 다루었고, 그중에서도 도드람양돈농협 초대 조합장이자 대한민국 양돈산업의 개척자로서 진길부의 삶을 기록하고자 노력하였다. 아울러 2000년부터 운명 할 때까지 남북 양돈 교류의 선구자로서 삶에 조금 더 비중을 두어 서술하였다.

 2000-2010년 사이에 있었던 북한 금강산 인근의 농업교류 활동은 15년이 더 지난 과거의 일로 이제는 역사의 한 페이지가 되고 있어서 금강산 관련 사진과 남북 농업교류 사업평가 내용까지 넣었다. 특히 2007년 11월 평양 강남군 고읍리에서의 남북 고위

층이 합의한 남북 합작 5,000두 규모의 통일양돈장 건립 계획은 진길부가 심혈을 기울여 만들고 싶었던 일이었기에 세부 내용을 평전에 실었다.

남북 합작 양돈장 건립계획은 진길부의 두 가지 유훈 사업 중 하나이다. 또 하나의 유훈사업은 에너지 생산방식의 양돈장 분뇨처리 사업이다. 현재까지는 두 가지 유훈사업의 성취 가능성은 낮아 보이지만 진길부를 기억하는 후대 사람들이 언젠가는 만들어 가길 기원해 본다.

4년 전부터 평전 기획과 인터뷰 요청에 흔쾌히 응해주신 윤희진 다비육종 회장님, 이범호 성지농장 대표님, 김건호 애농원 대표, 이정학 대표, 안기홍 컨설턴트, 이영준 개척농장장, 김의산 컨설턴트에게 감사를 드립니다.

평전 편집에 참여하면서 많은 도움을 주었던 박애란 작가님, 김태균 울안농장 대표님, 김왕호 개척농사단 회장님, 강용찬, 박광식, 박중희, 정진석, 홍은수 편집위원께 감사를 드립니다.

그리고 늦지 않게 자료를 보내 주신 이지혜 님과 학창시절, 개척농장 초창기 사진, 옥중서신 등을 보내 주신 황인숙 여사님과 황건식 님 등 가족분들께도 감사를 표합니다.

인터뷰에도 응해 주시고 평전 추천사를 써주신 황민영 위원장님께도 다시 한번 감사 말씀 올립니다.

마무리 편집을 성실하게 담당해 주신 도서출판 행복에너지의 서보미 디자이너와 권선복 대표에게도 깊은 감사를 드립니다.

NOTE